Alles beginnt mit dem Wunsch nach einem privaten Swimmingpool in der sonnigen Dordogne. Doch Menschheitserforschung geht vor Eigentum, und die Dinge nehmen einen etwas anderen Verlauf ...

Paläontologie ist Spurensuche. Was wir als »die Geschichte« kennen, ist weitestgehend die Interpretation männlicher Forscher. Aber lassen wir das Macho-Historikerlatein doch mal weg – dann taucht plötzlich ein Krimi auf. Im Zentrum dieser historischen Noir-Erzählung stehen Oli und ihre Sippe. Statt eines erhobenen Zeigefingers gibt es hier eher mal den ausgestreckten Mittelfinger in Richtung Patriarchat. Inklusive zwingender Gründe dafür.

Nur, warum spricht und denkt eine junge Person der Altsteinzeit genau wie wir? Ganz einfach, sie ist ein Mensch, bloß ihre Sprache ist nicht überliefert. Unumwunden »übersetzt« Hannelore Cayre in ziemlich heutiges Vokabular, was unsere Vorfahren umtrieb – und was zu diesem paläolithischen »True Crime«-Fall führte.

Else Laudan

Hannelore Cayre ist Strafverteidigerin in Paris, schreibt Romane und betätigt sich als Drehbuchautorin und Regisseurin. Früher war sie Finanzchefin einer Filmproduktionsfirma. Irgendwann langweilte sie das Finanzwesen, die Juristerei hingegen faszinierte sie. Cayre spezialisierte sich auf Strafrecht und wurde Pflichtverteidigerin. Für den Roman *Die Alte* erhielt sie den Prix du polar européen und den Grand Prix de littérature policière sowie den Deutschen Krimipreis.

Hannelore Cayre

FINGER AB

Deutsch von Iris Konopik

Ariadne 1279
Argument Verlag

Ariadne
Herausgegeben von Else Laudan

Titel der französischen Originalausgabe: Les doigts coupés
© Éditions Métailié, Paris 2024

No part of this publication may be reproduced in whole or in part, or stored in a retrieval system, transmitted in any form by any means, electronic, mechanical, photocopying, recording, or otherwise, or used to train generative artificial intelligence (AI) technologies, without the express written permission of the Publishers and the Proprietor.

Deutsche Erstausgabe
Alle Rechte vorbehalten
© Argument Verlag 2024
Glashüttenstraße 28, 20357 Hamburg
Telefon 040/4018000 – Fax 040/40180020
www.argument.de
Lektorat: Else Laudan
Umschlaggestaltung und Satz: Martin Grundmann
Bildmotiv: www.handpas.eu (digitale Plattform in engl. & span. Sprache)
Druck und Bindung: Beltz Grafische Betriebe GmbH
Gedruckt auf säure- und chlorfreiem Papier
ISBN 978-3-86754-279-1
Erste Auflage 2024

*Für Albert, meinen Sohn,
den die Erde verschluckt hat*

»Eine Baugenehmigung? Bei unserem Öko-Bürgermeister? Der hat doch die Swimmingpools auf dem Kieker, ganz zu schweigen vom Gaswerk! Nein, ich habe Winiarczyk und seine Jungs kommen lassen, um still und heimlich auszuschachten. Von der Straße kann man die Baustelle eh nicht sehen, selbst wenn man drauf achtet.«

Bei dem Wort »Swimmingpool« schaut Laurence automatisch zu ihren drei polnischen Arbeitern, die mit dem Mini-Bagger zugange sind.

»Ich hab dir eben den Link mit der Annonce geschickt. Siehst du das dritte Vorschaubild? Da, das mit den Bäumen ... Man könnte meinen, das Haus steht direkt am Hang, aber in Wirklichkeit ist dazwischen so was wie ein Geröllfeld. Wenn man die ganzen Steine wegschafft, reicht der Platz genau für das Becken, von dem ein Teil dann im Schatten liegt, was genial ist, weil im Sommer in der Dordogne die Sonne bratzt. Moment, bleib mal kurz dran ... Mein Chef-Polacke regt sich über irgendwas auf ...«

Sie öffnet das Wohnzimmerfenster. »Ja, Slawek?«

»Gucken kommen.«

»Kann ich dich nachher zurückrufen? Ich glaube, es gibt ein Problem.«

Sie geht nach draußen und um das Haus herum zu dem Arbeiter, der mit in die Hüften gestemmten Händen vor einem Steinhaufen steht.

»Was ist los?«

»Heben Steine hoch und finden das hier ...«

»Scheiße!«

Auf festem Untergrund, fast vollständig im Boden versunken, liegt zusammengekrümmt auf der Seite ein menschliches Skelett.

»Da ist Höhle drin.«

»Wenn wir das melden, Slawek, sind wir geliefert!«

»Nicht weitergraben.«

»Slawek, bitte nehmen Sie Vernunft an. Einem Freund von mir in Ostfrankreich ist dasselbe passiert. Er war so dumm, sein Skelett bei der Gendarmerie zu melden. Seine Baustelle war drei Jahre lahmgelegt wegen eines armseligen preußischen Soldaten, der 1871 erschossen wurde. Drei Jahre, Slawek! Stellen Sie sich das mal vor! Ich werde nicht drei Jahre darauf warten, in meinem Pool zu schwimmen ...«

Der Angesprochene schert sich nicht um das Gefuchtel seiner Auftraggeberin und weist einen seiner Arbeiter auf Polnisch an, den Bagger auszumachen. Kurzer Wortwechsel, dann stellen sich die drei Männer um den Körper herum auf.

Tiefe Stille senkt sich über die Baustelle.

»Wir stecken die Knochen in einen Sack und reden nicht mehr drüber, okay, Slawek?«

»*Ksiądz.*«

»Was, ›*ksiądz*‹?«

Der Arbeiter tippt etwas in sein Handy und hält es Laurence fünf Zentimeter vor die Nase. Die tonlose Stimme des Google-Übersetzers sagt »Priester«.

»Ein Priester ... Also bitte, Slawek, das ist völlig unsinnig, diese Person hier dürfte lange vor Christi Geburt gestorben sein ... Sie kann nicht katholisch sein ...«

»Baustopp. Jetzt.«

»Ach, Pater, danke, dass Sie so schnell gekommen sind. Bitte sehr, es ist dort, hinter dem Haus ... Wir waren dabei, den Schotter wegzuschaffen, als wir darauf gestoßen sind. Diese Herren nehmen es sehr genau mit ... mit den Sakramenten.«

Jean folgt Laurence und den Arbeitern hinter das Haus.

»Haben Sie für das Ganze hier eine Genehmigung eingeholt?« Ohne die Antwort abzuwarten, kniet er sich hin. »Sieht aus, als sei sein Schädel zerschmettert worden. Hätten Sie vielleicht einen Pinsel?«

»Werden Sie ihn dann segnen?«

Slawek reicht ihm einen neuen dicken Rundpinsel, mit dem er behutsam die Schädeldecke abstaubt.

»Haben Sie diese Kalzitkristalle gesehen, mit denen die Knochen bedeckt sind? Das ist sehr, sehr alt!«

Er richtet sich auf, schaltet die Handytaschenlampe ein und schlüpft durch die vom Bagger geschaffene Öffnung.

»Das ist eine Höhle ... Eine Grabstätte ... Dahinten erkenne ich einen zweiten Körper ...«

»Aber ich hab mein Haus gerade erst gekauft!«

Ohrenbetäubende Stille aus dem Innern der Kaverne.

»Alles in Ordnung, Pater?«

Nach fünf langen Minuten kommt er schließlich heraus.

»Werden Sie ihn nun segnen?«

Der Priester macht eine vage zustimmende Geste, während er gleichzeitig mit seinem Handy jemanden anruft.

»Er kümmert sich drum«, sagt Laurence zu den Polen und strahlt.

»Hallo, ja, ich bin's. Ich bin froh, nicht auf deiner Mailbox zu landen. Sitzt du gut? Wenn ich dir sage: ›Sie sind hier‹, woran denkst du dann? Ich komm gerade raus, ja … Nein, noch niemand. Lass dich überraschen. Nein, ich verrate nichts! Na gut, okay, aber nur ein Wort. Mmmmh … Aurignacien. Nein, nein, ich rühr mich nicht vom Fleck.«

Laurence ist plötzlich sehr beunruhigt.

»Wer ist hier? Wer ist Aurignacien?«

»Sie dürfen nichts anfassen, Madame, denn auf den ersten Blick scheint mir, Ihre Arbeiter haben da etwas Ungeheures entdeckt.«

»Das ist ja wohl ein beschissener Albtraum!«

Mit den Fingerspitzen klopft Adrienne Célarier gegen das Mikro.

Der Hörsaal des paläontologischen Forschungszentrums ist brechend voll mit Presseleuten, die hier sind, um sie zu hören. Die großen überregionalen Tageszeitungen sind natürlich da, aber nicht nur die; auch die internationalen Fachzeitschriften haben Leute geschickt, und hier und da entdeckt sie Logos von Nachrichtensendern, ja sogar von CNN.

Die öffentliche Präsentation ihrer Höhle wird vielleicht nicht die gleiche Hysterie auslösen wie die von Chauvet, der Sixtinischen Kapelle der Urgeschichte, die mitzuerleben sie das Glück hatte, als sie noch eine kleine Doktorandin war, und wo ihrer Erinnerung nach so viele Kameras waren wie bei den Olympischen Spielen. Obwohl. Sie würde drauf wetten, dass ihr Vortrag Epoche machen wird, denn verstreut zwischen den Journalisten mit Presseausweis entdeckt sie die dreißig feministischen Bloggerinnen, die sie zu diesem Anlass eingeladen hat, damit sie die Neuigkeit in der ganzen Welt verbreiten.

Chauvet hat sie vieles gelehrt.

Vor allem über Schofeligkeit. Da waren die Dokumentenfälschung von Beamten der Regionaldirektion für kulturelle Angelegenheiten und des Kulturministeriums, die mannigfachen Drohungen gegen die Entdecker der Höhle, die juristischen Schlachten um die Verwendung der ersten Fotos von den Wandmalereien, die Frage der Bewertung der zu enteignenden Grundstücke ... Oder wie ein einzigartiger Fund in einem traurigen Sumpfloch versinken kann. Denn die Urgeschichte, diese unbeschriebene Seite der Menschheit, dieses erträumte Eden – umso mehr, seit alles aus dem Lot gerät –, fasziniert alle Welt und zieht folglich riesige Geldströme an.

Einiges gelehrt auch über ihr Fach. Zwar ist die Paläontologie eine Wissenschaft, die sich mit einer sehr fernen Vergangenheit befasst, in der mit wenig Veränderungen zu rechnen ist, doch zuweilen genügt ein einziger Fund, um ein ganzes intellektuelles Konstrukt zu zerschlagen und einen Haufen Thesen zu Papiermüll zu verdammen.

Ihre Höhle ist von diesem Kaliber.

Durch einen glücklichen Zufall, einen dieser Glücksfälle, wie es sie sonst nur in Büchern gibt, war sie die erste Wissenschaftlerin vor Ort. Ihr Kindheitsfreund Jean, den ihre Eltern bis heute Kiesel-Jean nennen, weil er als Junge die Taschen immer voller Steinchen hatte, hat sie benachrichtigt. Bis sie vor dreißig Jahren zum Paläontologie-Studium nach Paris ging, haben sie auf der Suche nach Pfeilspitzen und Faustkeilen gemeinsam das Vézère-Tal und die Dordogne durchstreift. Mittlerweile ist Jean Priester, und zufällig wurde er während des Bereitschaftsdiensts von der Auftraggeberin polnischer Arbeiter gebeten, zwei Körper zu segnen, die in einer Kaverne lagen, deren Eingang ihr Bagger freigelegt hat.

Noch am selben Nachmittag war sie am Ort des Geschehens, und mit anständigem Licht drangen sie und ihr Freund als Erste ins Innere vor. Sofort war klar, dass sie es mit einer Grabstätte von großer archäologischer Bedeutung zu tun hatten, und sie hielten die Sache geheim, damit dieser außergewöhnliche Fund nicht abermals zu einem wüsten Hickhack führte.

Dann spannte sie die Grundstücksbesitzerin für ihre Zwecke ein, setzte dem Chef der besagten Polen Flausen in den Kopf, indem sie ihn als den Entdecker deklarierte und seine Entdeckung nach ihm benannte, die Winiarczyk-Höhle, und intrigierte wie der Teufel, mobilisierte alle Elitehochschul-Freunde ihrer Familie, bis sie und nur sie mit der Erforschung beauftragt wurde. Womit sie der Regionaldirektion für kulturelle Angelegenheiten ein Schnippchen schlug, wo man sie jetzt einmütig hasst.

Die Fotos, die man in diesem proppenvollen Saal zeigen wird, stammen von ihr.

Als Akademikerin hat sie das Ende des Rattenrennens erreicht, indem sie allen Fallen ausgewichen ist. Man beschimpft sie als Karrieristin, aber das ist ihr schnuppe, denn sie ist die mit dem Käsestück zwischen den Zähnen.

Sie plant heute Abend, ihren Vortrag anhand kurzer zugkräftiger Themenkomplexe aufzuziehen, mit dem notwendigen Storytelling, um ihre Erzählung unvergesslich zu machen.

Die Frau des Paläolithikums als emanzipiertes Working Girl darzustellen, ist jetzt en vogue, um zu zeigen, wie sehr sie in der Folgezeit erniedrigt wurde. Na dann mal los: Konjugieren wir die Vorzeit im Femininum!

Bis jetzt gab es nur Fabulierereien rund um ein einzelnes Skelett: eine Pseudo-Großwildjägerin 9000 Jahre vor unserer Zeitrechnung, entdeckt im peruanischen Wilamaya Patjxa – wenn man schon Schwachsinn erzählt, dann wenigstens für die gute Sache! Nur handelt es sich im vorliegenden Fall nicht um ein Hirngespinst, einen tröstlichen Mythos über die großen Matriarchate; was sie all den Leuten hier enthüllen wird, ist ein sehr viel älterer weiblicher Körper, obendrein in sehr gutem Zustand. Ein Körper und ein unglaublich reichhaltiger Kontext.

Noch ehe sie loslegt, ahnt sie, was die Neider nach ihrer Präsentation hinter ihrem Rücken raunen werden: dass die angemessene Herangehensweise gewesen wäre, einem solchen Fund mit Zurückhaltung zu begegnen ... Aber wir leben nicht mehr Ende des 19. Jahrhunderts, streng wissenschaftliche Referate sind nicht sexy, und vor allem verkaufen sie sich nicht. Dabei ist doch das Ziel, die Fördermittel so zu kanalisieren, dass sie noch dieses Jahr ihrer Gruppe von Doktorandinnen zufließen, und schnellstmöglich zu veröffentlichen.

Rechtfertigen muss sie sich sowieso nicht ... Dies ist *ihre* Höhle. Dies ist *ihr* Moment. Sie ist diejenige auf CNN.

Saint-Acheul. Le Moustier. Châtelperron. Aurignac. La Gravette: Namen, die uns Paläontologinnen und Paläontologen erschauern lassen und die als Landmarken dienen in der Chronologie der menschlichen Evolution, wie unsere ersten Kollegen sie uns überliefert haben.

In Savignac-de-Miremont wurde soeben ein neuer Meilenstein in der Geschichte der Menschheit gesetzt – genauer gesagt: in der Geschichte der Frau, der großen Vergessenen in der Erzählung über unsere Ursprünge.

Wenn Sie heute Abend die Winiarczyk-Höhle kennenlernen, stehen Sie vor einer der bedeutendsten archäologischen Entdeckungen in Westeuropa angesichts ihrer Einzigartigkeit, ihrer Vollständigkeit, aber auch ihres bemerkenswerten Erhaltungszustands.

Wann war sie bewohnt?

Anhand eines mit Holzkohle an einer Wand ausgeführten Schablonenbilds sowie mehrerer Rußflecken von Fackeln am Eingang konnten wir die Bewohntheit mittels Radiokarbonmethode auf 35 000 Jahre vor unserer Zeit datieren, das heißt also, auf das Aurignacien. Dieser Zeitabschnitt ist die Bühne für einen beispiellosen anthropologischen Umbruch, gekennzeichnet durch das Aufeinandertreffen zweier Menschenarten: Unser Vorfahr, der kurz zuvor aus Afrika gekommene Homo sapiens, löste den Homo neandertalensis, der seit 300 000 Jahren in Europa präsent war, auf seinem angestammten Territorium ab.

Wohlgemerkt, eins der Lieblingsthemen der Science-Fiction ist unsere Begegnung mit einer intelligenten Spezies humanoider Lebewesen ... Stellen Sie sich das Erstaunen unserer Vorfahren Sapiens vor, dieser hochgewachsenen, schlanken, dunkelhäutigen Wesen, als sie zum ersten Mal diese stämmigen blassen Leute mit länglich flachem Schädel, vorstehenden Brauenknochen und riesigem Brustkorb erblickten ... Ein Gefühl von Andersartigkeit, das wir so nie wieder erleben werden, da diese andere Menschenart ausgestorben ist. Und doch wurden, all ihren Unterschieden zum Trotz, aus der Verbindung dieser zwei Menschenarten Kinder geboren, denn im Genom der heutigen nichtafrikanischen Populationen finden sich 1 bis 4 Prozent Neandertaler-DNA.

Begeben wir uns jetzt zum Eingang der Höhle. Sie war zunächst durch eine Art primitives Mäuerchen verschlossen. Es stammt vermutlich aus der Zeit der Bewohntheit der Höhle und sollte Bären davon abhalten, darin zu überwintern. Das Mäuerchen wurde später aufgestockt, um den Ort in eine Grabstätte zu verwandeln. Im Laufe der Zeit wurde der Eingang durch einen mehrphasigen Einbruch des Kalkgesimses endgültig versiegelt und erst im vorigen Jahr von Monsieur Winiarczyks Bagger wieder geöffnet.

Was hat sich im Inneren abgespielt?

Haben wir hier womöglich den ersten Tatort der Geschichte freigelegt?

Über den Abgrund der Zeit hinweg, der uns von unseren Vorfahren trennt, wollen wir versuchen dahinterzukommen.

Folgen wir ihren Schritten und treten ein ...

Musik.

Das Licht verlöscht.

Die Projektion eines Films wird gestartet.

Das flackernde Licht einer Öllampe, von den Kalzitkristallen reflektiert, offenbart einen Körper, folgt dann Fußspuren von Kindern und Erwachsenen um ihn herum zu einem zweiten, mit allerlei Gegenständen umgebenen Körper und gleitet schließlich hoch zu den Felswänden, darauf Negativabdrücke von Händen, denen allen ein oder mehrere Fingerglieder fehlen. Dann erhellt sich die gesamte Höhle, und zutage treten zwei Bildtafeln mit hunderten Schablonen verstümmelter Hände.

44.95°N, 0.94°O, vor 35 000 Jahren …

Oli versuchte einzuschlafen, während ihre Schwester Rava unter den Stößen des Spinners stöhnte. Ihre beiden Brüder waren zum Glück nicht da, wahrscheinlich unterwegs, um in der Hütte nebenan das Gleiche mit Idra, Erin oder Arienne zu machen, denn hier am Flussufer waren sie nur zwei Familien. Ravas zwei Kinder und Olis Onkel, ihre kleine Schwester Clara und ihre Mutter schnarchten. Wilma hütete draußen das Feuer, während ihr Sohn neben ihr tief und fest schlief.

Männer, was für eine Plage.

Ständig beherrschten sie die Gedanken der Mädchen, dabei waren sie so widerlich mit ihrem Geruch, ihrem baumelnden Geschlecht und ihrem lüsternen Blick eines brünstigen Tiers. Sie beobachtete, wie die Hände des Spinners die Brüste ihrer Schwester kneteten, wie seine Zunge in ihren Mund eindrang, und diese Verschmelzung der Körper, die sie doch eklig fand, tat unerklärlicherweise ihre Wirkung bei ihr.

Außer ihren Brüdern und dem, der da mit ihrer Schwester rammelte, gab es in den zwei Familien keine jungen Männer. Es mit ihren alten Onkeln oder dem Spinner zu machen, kam nicht in Frage, schon allein, weil es wenigstens ein Fitzelchen Neugier brauchte, etwas Geheimnisvolles, damit sie Lust verspürte, und in diesem Fall war das schlicht unvorstellbar ... Was eine Art wütendes kleines Tier nicht davon abhielt, sich jedes Mal in ihrem Geschlecht zu regen, wenn sie solchen Liebesspielen zuschaute.

Genervt sprang sie auf, verließ die Hütte und gesellte sich zu ihrer Schwester Wilma. Die lag auf der Seite wie ein verwundetes Tier, das Hemd hochgezogen, ihr riesiger Bauch entblößt, so dass deutlich zu sehen war, wie sich ihr Kind darin bewegte. Sie war so dick, dass sie seit ein paar Nächten keine Schlafposition mehr fand. Darum hatte sie sich auch zum Feuerhüten gemeldet, denn zu allem anderen war sie außerstande.

»Warum schläfst du nicht?«

»Weil Rava und der Spinner Geräusche machen, wie wenn man durch Matsch läuft.«

»Hör auf, ihn so zu nennen!«

»Er riecht nach Frettchen.«

»Du übertreibst!«

»Er taugt zu nichts.«

»Kann sein, aber er ist witzig.«

»Er quatscht einen Blödsinn nach dem anderen und versucht dabei immer, den vorherigen durch einen neuen vergessen zu machen.«

»Ein bisschen hast du recht, aber die Mädchen weiß er zu nehmen.«

»Du hast doch nie versucht, mit jemand anderem Spaß zu haben.«

Wilma kniff ihr in die Wange und schimpfte: »Seit wann redest du darüber, hm? Interessiert es dich plötzlich? Erregt es dich, wenn du hörst, wie sie sich neben deinem Ohr vergnügen? Bist du eifersüchtig?«

»Quatsch!«

»Du musst ihn nur fragen, er wird Ja sagen ... Und was das Spaßhaben angeht, ich habe es auch mit Issa probiert!« Auf Olis fassungsloses Schweigen hin fügte sie hinzu: »Ist lange her; das war, bevor er mich geschlagen hat.«

Oli drückte ihre Handfläche auf den Bauch ihrer Schwester, um die Tritte des Kindes zu empfangen.

»Es ist unruhig von der Hitze des Feuers.«

»Ich fände es lustig, ein Ding im Bauch zu haben, das sich bewegt – wenn man davon nicht so plump würde wie ein Auerochse.«

»Glaubst du, mir macht es Spaß, so zu sein, dass ich nicht mal meine Füße sehen kann? Irgendwann muss es rauskommen, dieses Kleine. Und auch wenn es am Feuer immer nur um die Risiken der Jagd geht, ist das gefährlicher, glaub mir ... Ja ... Sehr viel gefährlicher!«

»Hast du Angst?«

»Natürlich hab ich Angst!« Und mit einer Kinnbewegung deutete sie auf ihren neben ihr schlafenden Sohn. »Sein Kopf war so groß, dass Rava mit beiden Händen in mich reingreifen musste, um ihn hervorzuholen und dann seine Schultern da rauszuziehen ... Ihre beiden Hände in meinem Geschlecht, kannst du dir das vorstellen? Gebären ist wie von einer Klippe stürzen und beim Aufprall wie eine Nuss in zwei Teile zerbrechen; es gibt keinen größeren Schmerz. Du zerreißt. Aber *du* weißt nichts davon, denn jedes Mal, wenn es einem Mädchen passiert, versteckst du dich ...«

»Diesmal bleibe ich da und gucke zu, ich versprech's dir!«

»Besser wär's, weil wenn du selbst an der Reihe bist, solltest du dich auskennen.«

»Oh nein, dazu wird es nicht kommen!«

»Ach, red keinen Blödsinn ... Hier, guck mal in meinen Haaren, was ich gefunden habe.«

Oli wühlte in dem schwarzen Schopf ihrer Schwester. »Was soll da sein?«

»Schau hier, ich hab Haare, die weiß geworden sind. Ich werde wie unsere Mutter. Eine Alte.«

Schweigend in ihre Gedanken versunken, lauschten die Schwestern dem Knistern des Feuers, als Wilma plötzlich ausrief: »He, hast du das gesehen? Da drüben auf der anderen Flussseite ... der leuchtende Punkt ...«

»Wo?«

»Links von der Höhle der Ahnfrauen.«

»Sieht aus wie ein Feuer.«

»Das ist ein Feuer!«

Oli sprang auf, um die anderen zu wecken. Ihre Schwester erwischte sie am Hemdzipfel.

»Warte, warte! Sollen wir das nicht lieber für uns behalten, und morgen gehst du nachschauen, wer das ist? Und dann kommst du zurück und erzählst es mir.«

»Warum sollten wir das tun?«

»Keine Ahnung ... Weil sie uns den Buckel runterrutschen können? Weil ein Geheimnis haben dich stärker macht? Das sollten wir ein bisschen ausnutzen, oder? Sobald es Tag wird, brichst du auf. Wenn jemand fragt, wo du hin bist, sage ich, du bist Treibholz sammeln.«

Oli starrte auf den winzigen leuchtenden Punkt, der die Nacht durchdrang. »Komisch, oder, dass sie sich ausgerechnet an so einem Ort niedergelassen haben. Da drüben ist nie Sonne.«

»Noch komischer ist, dass sie nicht hergekommen sind. Wenn wir ihr Feuer sehen, haben sie auch unseres gesehen, das gestern die ganze Zeit gebrannt hat.«

»Glaubst du, es sind viele?«

Die Aussicht, andere Leute zu treffen, putschte sie so auf, dass sie kein Auge mehr zubekam, während Wilma neben dem Feuer schlief wie ein Stein; als ob sie an dieser Geschichte mit der Sippe, die auf der anderen Talseite auftauchte, nur eins interessierte: alle zu belügen.

In der Tat war sie es, die Oli die Methode beigebracht hatte: »Wenn Ältester Onkel oder Issa dich befragen, zeigst du ihnen ein anderes Gesicht, als du in dir hast; du schaust geradeaus und versteckst die Wahrheit weit hinter den Augen. Als ob nichts wäre. Ruhig. Du wirst sehen, nach einer Weile geht es wie von selbst, du musst dich nicht mehr zwingen: du lügst. Lügen ist die einzige Möglichkeit, die anderen zu ertragen.«

Als die Ihren das letzte Mal anderen Leuten begegnet waren, war sie noch sehr jung gewesen, aber sie erinnerte es als umwälzend für ihrer aller Leben. Als hätte der Umstand, eine Zeitlang der Enge ihrer Hütte zu entkommen, gereicht, um den Charakter jedes einzelnen Mitglieds ihrer Familie und die Beziehungen untereinander tiefgreifend zu verändern.

Damals war ihre Schwester Clara noch nicht geboren und die vier Kinder des anderen Clans hatten sich ihnen noch nicht angeschlossen. Sie waren zu zehnt: ihr großer Bruder Lothar, ihre Schwester Rava, Wilma und schließlich sie und ihr Zwilling Daïno, außerdem natürlich ihre Mutter, deren zwei Brüder: Ältester Onkel und Issa, sowie ihre zwei Tanten, die inzwischen mit ihren Kindern an der erstickenden Krankheit gestorben waren.

In jenem Sommer waren sie viel umhergezogen, denn das Wetter war besonders gut und sie konnten draußen schlafen, ohne die Hütte mitschleppen zu müssen, und vor allem behinderte sie nicht wie heute ein Haufen Kinder. Sie begegneten einer anderen Sippe. Wie viele es waren, wusste sie nicht mehr; mindestens doppelt so viele wie sie. Sie erinnerte sich nur, dass sie mit anderen Kindern, die nicht zu ihrer Familie gehörten, gespielt hatte, während die Erwachsenen den lieben langen Tag vögelten. Die Männer nutzten zudem ihre Vielzahl, um gemeinsam Jagd auf große Beutetiere zu machen, bis zu dem Tag, als einer von ihnen von einem Wollnashorn aufgespießt wurde.

Ihre Onkel und die anderen Jäger hatten sich im Kreis um das Opfer aufgestellt, das auf einer am Boden ausgebreiteten Tierhaut lag. Nach zwei Tagen, in denen sie abwechselnd bei ihm Wache hielten, gingen alle schlafen außer Ältester Onkel, der allein bei der Leiche zurückblieb.

Oli, die von dem Hin und Her aufgewacht war, ging zu ihm. Sie sah, wie er sein Ohr an den Mund des Toten legte, um sich zu vergewissern, dass er nach wie vor nicht atmete. Nach einem Moment des Nachdenkens zog er die Felle über dem Körper beiseite, steckte seine Hand in die Wunde, die das Horn des Tieres gerissen hatte, und begann darin zu wühlen.

Sie fragte ihn mehrmals, was er da tat, aber er war zu beschäftigt damit, das Innere des Lochs zu erkunden, und gab keine Antwort, also setzte sie sich daneben und schaute zu. Unzufrieden, dass er nicht fand, wonach er suchte, nahm er seine Feuersteinklinge und schlitzte das Fleisch vom Hals bis zum Unterbauch auf, dann öffnete er den Mann einfach in zwei Teile, wie man ein Ren aufbricht.

Oli hatte ihrer Mutter schon eine Menge verschiedene Tiere zerlegen und ausnehmen geholfen, aber das Innere eines menschlichen Körpers hatte sie noch nie gesehen. Hochinteressiert beugte sie sich vor, während Ältester Onkel den gesamten Rumpf des Jägers untersuchte, indem er mit dem Messer nach und nach jedes seiner Organe anhob, um darunterzuschauen.

»Die gleichen Dinge an der gleichen Stelle wie bei allen anderen Tieren. Links das, was pocht, und das, was eklig zu essen ist, unten rechts. Die Gedärme und die atmenden Beutel in der Mitte«, verkündete sie voller Stolz, um ihm zu zeigen, wie gut sie sich mit Anatomie auskannte.

Damals hatte sie noch unbedarft versucht, seine Aufmerksamkeit zu erregen, hatte noch nicht verstanden, dass er ihr niemals das geringste Interesse entgegenbringen würde, weil sie ein Mädchen war.

Er drehte den Kopf in ihre Richtung, aber seine Augen sahen sie nicht. Er machte ein Gesicht, wie sie es noch nie an ihm gesehen hatte und das sie bei einem Anführer nicht hätte sehen dürfen: das Gesicht eines ratlosen Mannes.

Sie fragte ihn noch mehrmals, wonach er denn suche, und irgendwann kehrte er in seinen Blick zurück und nahm wahr, dass sie da neben ihm hockte.

»Gibst du jetzt mal Ruhe!«, befahl er ihr mit böser Stimme.

»Ich sehe, dass du im Körper von deinem Freund rumwühlst«, beharrte sie. »Warum tust du das?«

Woraufhin er ihr eine verpasste, dass sie ins Feuer fiel, wo sie sich obendrein verbrannte. Es war das erste Mal, dass er sie schlug, und da sie sich mit den metaphysischen Irrungen der Erwachsenen noch nicht auskannte, empfand sie es als total ungerecht.

Diese Begebenheit markierte den Beginn der Feindseligkeiten zwischen ihr und ihrem Onkel. Schlimmer noch, sie fing an, ständig seine Grenzen auszutesten, übte sich im Frechsein, verstieß gegen seine Regeln, provozierte ihn, egal was es sie kostete. So passierte es nach einem dieser Vorfälle, dass er ihr zwei Finger der linken Hand abhackte, hatte sie ihn doch aufs Äußerste herausgefordert: Entgegen dem für die Frauen und Kinder der Sippe seit undenklichen Zeiten bestehenden Verbot war sie jagen gegangen.

Eines Morgens schnappte sie sich die Lanze ihres Zwillingsbruders und brüllte wütend: »Ich bin es leid, ständig Hunger zu haben, wo ich genauso groß und stark bin wie Daïno, nur dass er alles isst, was er will, obwohl er beschränkt ist!« Dann warf sie sich vor ihren Onkeln in eine rebellische Pose und machte sich davon.

Ältester Onkel erwischte sie ziemlich weit entfernt vom Unterstand, aber nicht weit genug: Er schnappte sie, als sie das Kaninchen briet, das sie gerade erlegt hatte. Tatsächlich war er ihr von Anfang an gefolgt und wartete nur auf den erniedrigendsten Moment, um über sie herzufallen. Er zerrte sie grob zur Hütte zurück und gab das Kaninchen ihrem Bruder mit dem Befehl, es zu essen, während man sie festhielt, um ihr die Finger abzuhacken.

Nur ihre Schwester Wilma sprang ihr bei. Sie riss Daïno das Kaninchen aus den Händen und biss herzhaft hinein, um ein Maximum an Fleisch zu verschlingen, ehe ihr anderer Onkel, Issa, sie heftig schlug und es ihr aus dem Mund riss. Keine andere Frau der Sippe schritt zu ihrer Verteidigung ein: Indem sie trotz Verbot jagen ging, hatte Oli die Macht des Anführers und damit die Ordnung selbst angetastet; jene *Ordnung*, die sie angeblich alle vor dem Chaos bewahrte.

»Die Linie ist der Mann. Die Frau ist der Kreis. Das ist die Ordnung der Welt! Du denkst, es geht gegen dich? Mitnichten! Als Familienältestem kommt jetzt mir die Aufgabe zu, Hüter dieser Ordnung zu sein. Sie ändern zu wollen bedeutet, die Welt ins Chaos zu stürzen.« Das bekam Oli von Ältestem Onkel zu hören, bevor er sie verstümmelte. Und als Exempel für alle anderen Frauen wurde die Strafe bekräftigt mit dem traditionellen *»Was einmal gesehen ist, ist für immer gesehen«*. Aber was sich Oli an diesem Tag am meisten einprägte, war der veränderte Klang seiner Stimme ... heller Triumph. Wie war er zufrieden, endlich seine ersten Finger abhauen zu dürfen! Denn vordem hatte sein eigener Onkel das Privileg gehabt, Recht zu sprechen bis zu seinem Tod.

Als Oli aufhörte zu weinen, erklärte ihre Mutter geduldig, welchen Sinn dieses Urteil hatte.

Pflanzen sammeln, Essen kochen, Häute schaben, Körbe flechten, Feuerstein zu Spitzen behauen, Kleidung nähen, Holz sammeln und über weite Strecken tragen ... Sich um die Kinder kümmern, Feuer machen und hüten, Tiere ausnehmen und ihre Knochen zerstoßen, Pflanzen und Wurzeln sammeln ... Jeden Tag von vorn ... All diese Tätigkeiten, die rund um die Hütte verrichtet wurden und einer

Abfolge von Schleifen und Zyklen entsprachen, waren ausschließlich weibliche Arbeiten. Blutung, Schwangerschaft, Stillen, Blutung, Schwangerschaft, Stillen ... *Die Frau ist der Kreis.* Ganz anders das Leben der Männer: Wie der Lauf des Löwen, der sich auf seine Beute stürzt, glich es lauter geradlinigen Bahnen. Wie die Lanze, die sie trugen und die sich in die Flanke des Tiers bohrte. Wie ihr Geschlecht, das zum Himmel zeigte. Ewige Vorwärtsbewegung in einem unendlichen Raum; immer möglichst weg von der Hütte. *Die Linie ist der Mann.*

»*Die Linie ist der Mann, die Frau ist der Kreis,* das ist die Ordnung der Welt. Fängst du als Mädchen an zu jagen, erschütterst du diese Ordnung, und deinetwegen geht alles drunter und drüber. Verstehst du das? In dieser Ordnung hast du deinen Platz; an dem musst du bleiben!«

Nein, Oli verstand diese erzwungene Bescheidenheit nicht, denn dem Wort Kreis ordnete sie die Eigenschaften eintönig, eng, geisttötend, verdrießlich, schwachsinnig zu. Die Linie dagegen erschien ihr heroisch, glanzvoll, aufregend, abwechslungsreich, stetig voranstrebend. Dass man sie von den Jagdpartien ausschloss, fand sie umso ungerechter und unlogischer, als sie schnell und geschickt war und ihrer Sippe damit mehr nutzen konnte, als wenn sie mit der Nase am Boden Vorräte sammelte. Vor allem erkannte sie zwischen sich und ihrem Zwillingsbruder Daïno keinen Unterschied, der einen solchen Ausschluss gerechtfertigt hätte ... Außer natürlich ihr Geschlecht in Form eines Lochs, aus dem sie nicht herauskommen sollte; rein aus Prinzip.

An den Wänden der Höhle finden sich über 150 Schablonenbilder von mit rotem Ocker konturierten Händen, allesamt verstümmelt: An einem oder mehreren Fingern sind Glieder abgetrennt. Es handelt sich immer um linke Hände bis auf eine einzige: eine mit Holzkohle umrissene rechte Hand.

Das Fingerlängenverhältnis – das Verhältnis der Größe von Zeigefinger und Ringfinger, wobei Letzterer beim Mann länger ist – legt nahe, dass alle diese Abdrücke von Frauenhänden stammen. Wobei einige von ihnen, wiedererkennbar an den gleichartigen Verstümmelungen, in mehreren Wachstumsstadien vorkommen.

Diese Schablonen erinnern uns natürlich an Funde in der Gargas- und der Tibiran-Höhle und in neuerer Zeit an die von Cosquer, obwohl die unseren zehntausend Jahre älter sind. Trotz dieser Abweichung in der Datierung machen wir uns die gleichen Hypothesen zu eigen. Es könnte sich um rituelle Verstümmelungen handeln wie bei den kleinen Mädchen der Dugum Dani auf Neuguinea, deren Finger den Verstorbenen als Geschenk geopfert werden. Oder um eine identitätsspezifische Selbstverstümmelung wie bei einem Yakuza, der Yubitsume ausübt, um einen begangenen Fehler wiedergutzumachen. Es kann auch eine Strafe sein, wie sie afghanischen Mädchen auferlegt wird, weil sie Nagellack benutzt haben. Oder schlicht eine Amputation vom Typ Raynaud-Syndrom, verursacht durch das Zusammenwirken von Nahrungsmangel und Frost in dieser eisigen Zeit, eine

Hypothese, die durch die Tatsache entkräftet wird, dass nur bei einer einzigen Schablone der Daumen fehlt.

Aber vielleicht sollten wir die vorgefundenen Spuren nicht isoliert betrachten, sondern die Höhle als Ganzes, die ein Vermittlungsinstrument im Kontakt mit einer jenseitigen Welt sein könnte, die mit weiblichen Vorfahren bevölkert ist.

Wie auch immer man diese Schablonen deutet – die eigene Hand auf die Wand einer Höhle zu drücken ist dasselbe, wie das eigene Bild auf Film zu bannen. Es drückt aus: »Ich war hier«, »Wir waren hier«; ein berührender Versuch, die Zeit zu überdauern und dem unausweichlichen Vergehen des Seins zu trotzen.

 Als sich die Wogen geglättet hatten und ihre Fingerstümpfe vernarbt waren, nahm ihre Mutter sie und Wilma mit zur Höhle der Ahnfrauen.

Am Eingang verbrannte sie Rentiermist, um Rauch zu erzeugen und so das Feierliche ihrer Reise in der Zeit zu betonen; ein Übergang von der Gegenwart des Lebens draußen in die Geschichte der Frauen des Clans im Inneren. Dann ging sie hinein und beleuchtete die Wände mit der Flamme ihrer Fettlampe, um ihren Töchtern hunderte von mit rotem Ocker umrissenen verstümmelten Händen zu enthüllen.

»Unsere Spuren sammeln sich hier, seit eine eurer Urur… urgroßmütter als Erste auf die Idee kam, auf Stein von ihrem Opfer zu erzählen. Die Geschichte berichtet, dass in längst vergangener Zeit eine Frau von der Jagd zurückkehrte. Da verließ die Sonne zornig den Himmel, und die Nacht übernahm den Tag. Ihr Ältester Onkel hatte den genialen Einfall, ihr einen Finger abzuschlagen, um das Chaos zu bannen, und die Sonne kam sofort wieder hervor. Auch meine Abdrücke sind hier. Bei jedem Finger, den unser Ältester Onkel mir und meinen Schwestern abgehauen hat, kamen wir her und nahmen unseren Platz in dieser Reihe gelebter Leben ein. Dieser Ort gehört euch, ihr könnt hierherkommen, sooft ihr wollt.«

Sie verkündete das mit dem diesem Initiationsritus angemessenen Ernst, verweilte bei jedem Abdruck einer verstümmelten Hand, damit ihre beiden Töchter die Tragweite voll ermessen konnten.

Wilma nutzte die Gelegenheit, um ihre Mutter zu fragen, wie sie ihre Finger eingebüßt hatte, ein Thema, das in der Öffentlichkeit nie angesprochen wurde, da es als scham- und taktlos galt. Den ersten, weil sie aus lauter Hunger gejagt hatte: »Ich war zu ungeduldig.« Den zweiten, weil sie das Feuer hatte ausgehen lassen, als sie dafür verantwortlich war: »Meinetwegen wären alle beinahe erfroren.«

Oli unterbrach sie mitten in der Aufzählung. »Und wenn mein Zwillingsbruder anfinge, meine Arbeit zu machen, würde man ihm dann zur Strafe auch den Finger abhacken?«

»Den dritten, weil –«

»Antworte mir! Wenn Daïno mir meine Aufgaben klauen würde, würde man ihm dann auch einen Finger abhacken?«

In betretenem Schweigen tauchte die alte Frau einen feuchten Pferdehaarpinsel in rote Pigmente und umrahmte mit kleinen Tupfern vorsichtig Olis verstümmelte Hand, was die sich widerwillig gefallen ließ. Während die Mutter an ihrem Abdruck arbeitete, begann Wilma, um die Atmosphäre aufzulockern, weibliche Geschlechtsteile in den feuchten Lehm auf den Felswänden zu ritzen. Irgendwann prustete Oli trotz ihres Unmuts los.

»Nicht auch noch hier!«, rügte die Mutter, eine Anspielung auf die riesige Vulva, die ihre älteste Tochter schon in den Felsen gegenüber den beiden Hütten graviert hatte und die sich der Sippe jedes Mal aufdrängte, wenn ein Mitglied nach draußen trat.

»Du hast gesagt, dieser Ort gehört uns! Warum sollen nur wir in den Genuss meiner Zeichnungen kommen. Die Ahnfrauen wollen auch Unterhaltung.«

Verstreut zwischen diesen Handschablonen zählen wir sieben stilisierte Vulven, eingeritzt in die weiche Lehmschicht, mit der der Felsen überzogen ist. Sie sind so außergewöhnlich gut erhalten, dass man meinen könnte, sie wären erst gestern geschaffen worden. Ihre Größe variiert, aber bei zweien können wir feststellen, dass die Linienführung die Handschablonen sorgfältig ausspart, was bedeutet, dass sie zeitlich später entstanden sind als diese.

Die Rekonstruktion von zeichnerischem Duktus und Linienführung sagt uns, dass die zwei Letztgenannten mit dem Finger ausgeführt wurden, in einem einzigen Zug, schnell, wie wenn man etwas auf eine staubbedeckte Oberfläche oder eine beschlagene Scheibe malt.

Diese Bildzeichen entsprechen ganz genau den Vulven der Aurignacien-Zeit, die am gegenüberliegenden Flussufer in einen Felsen an der Ausgrabungsstätte Ferrassie graviert sind. Die vergleichenden makroskopischen Untersuchungen dieser in Stein gravierten und in Lehm geritzten Linien wie auch die Analyse des jeweiligen gestischen Impulses weisen verblüffende Analogien auf.

Was, wenn wir hier den Beginn eines Szenarios hätten, das sich vor 35 000 Jahren abgespielt hat? Eine Person – aller Wahrscheinlichkeit nach weiblichen Geschlechts – hätte demnach die Vézère durchquert, um an eine mehrere Kilometer entfernte Stätte zu gelangen und dort eine mit Umrissen verstümmelter Frauenhände bedeckte Wand zu taggen ... In welcher Absicht?

Diese weibliche Symbolik des Paläolithikums, anzutreffen von Südspanien bis zur Grenze Sibiriens, gehört zu den charakteristischen bildlichen Darstellungen der Kultur des Aurignacien. Die Prähistoriker, die Ende des 19. Jahrhunderts als Erste solche Zeichnungen untersucht haben, sahen darin eine Huldigung der Mutterschaft, aber diese Hypothese ist heute überholt – schlichter Ausdruck des patriarchalen Paradigmas der damaligen Zeit.

Könnte es sich nicht vielmehr um eine typisierte Darstellung handeln, so wie wir auf eine Zettelecke oder ein Stück Wand mit schnellem Bleistiftstrich einen Phallus und Hoden zeichnen – aus Trotz? Mit anderen Worten: Versuchte man im Aurignacien vielleicht mit Vulven zu provozieren statt wie heute mit männlichen Geschlechtsteilen? Oder aber: Haben wir hier etwas vor uns, was wir als ein Trendsymbol bezeichnen könnten, in diesem Fall die materialisierte Antwort auf ein Bedürfnis nach Anerkennung, so wie bei all diesen kleinen Klitoris-Graffiti, die plötzlich auf den Mauern unserer Städte erblüht sind?

Wie dem auch sei, diese Hypothesen sind umso schwindelerregender, als sie belegen, dass es universelle Ideen gibt, die über Kulturen und Zeiten hinweg menschliche Gesellschaften beseelen: auf Wänden die Signatur des eigenen Geschlechts zu hinterlassen.

 Oli war seitdem mehrfach zur Höhle zurückgekehrt. Sie war es, die zu Frühlingsbeginn dem Hochwasser führenden Fluss trotzte, um die Höhle von Bärendreck zu reinigen, und sie war es auch, die durch Aufschichten großer Steine ein mit Spießen bewehrtes Mäuerchen baute, damit die Bären nicht wiederkamen. Wann immer sich in der Sippe etwas Neues ereignete, ging sie dorthin, um den Ahnfrauen Nachricht von der Familie zu bringen. *Sie auf dem Laufenden zu halten,* wie sie es nannte.

»In all diesen Händen mit abgehackten Fingern steckt etwas, das es zu erfassen gilt und das mir entgeht. Wie ein Wort, das mir auf der Zunge liegt und sich auflöst, bevor ich es aussprechen kann … Sie versuchen mir etwas zu sagen, das ich nicht verstehe. Es ist ein Rat, und er ist wohlmeinend, wenigstens da bin ich mir sicher!«, vertraute sie nach jedem Besuch ihrer Schwester Wilma an, die ihr unterstellte, eine morbide Beziehung zu diesem unheimlichen Ort zu pflegen.

Heute aber, sobald sie am unteren Rand des Himmels die Sonne auftauchen sah, verdrückte sie sich in Richtung der anderen Talseite, dorthin, wo Wilma und sie das Feuer hatten brennen sehen.

Jetzt, im Frühsommer, hatte sie keine Schwierigkeiten, den Fluss zu durchqueren, sprang von Stein zu Stein, um sich nicht die Stiefel nass zu machen. Auf der anderen Seite des steinigen Betts marschierte sie eine Zeitlang geradeaus, stieg dann die Böschung hoch und lief auf den Felsausläufern weiter bis zu den Felsunterschlupfen, die den ihren gegenüberlagen. Aber als sie sich dem Lager der Jäger näherte, überfiel sie ein Gefühl von Fremdheit, und sie verlangsamte ihren Schritt.

Als Erstes der widerliche Gestank: Mehrere Rentier- und Pferdekadaver, mit abgezogener Haut und zur Hälfte zerlegt, lehnten an der Felswand gleich neben dem Platz, wo diese Leute schliefen. Dann ihre Behausung. Was da stand, war keine schmucke Hütte, geschützt durch einen Felsvorsprung wie bei den Ihren, sondern ein Schutzwall aus schräg an der Felswand aufgestellten Ästen, auf denen kaum geschabte Tierhäute lagen, um die Bewohner vor Licht und nächtlichen Angriffen zu schützen.

»Wie das stinkt!«, rief sie halblaut aus. Ein Geruch nach verfaultem Fleisch und Bärenlager.

Sie hörte ein Geräusch und sah eine Frau hinter den Ästen hervorkommen, mit nacktem Oberkörper und einem einfachen Lederschurz. Als sie Olis Anwesenheit bemerkte, warf sie ihr einen amüsierten Blick zu, als ergötzte sie sich an einer lustigen Naturerscheinung: dem frühmorgendlichen Besuch eines niedlichen und harmlosen Tiers, das sie beobachtete.

Beim Anblick dieser Frau mit schmutzig weißer Haut und zotteligen blonden Haaren erstarrte sie, glaubte es mit einem Wesen aus einem Albtraum zu tun zu haben; eine Art grässliches Trugbild, wie sie in den abendlichen Geschichten am Feuer geschildert wurden. Das war ihr Gedanke, bis weitere ähnliche Leute aus dem Unterschlupf kamen, alle so gut wie nackt.

Oli starrte sie in heller Verblüffung an, so hässlich fand sie sie. ›Wie soll ich so was bloß Wilma beschreiben?‹, dachte sie. Und wie viele es waren ... Noch nie hatte sie so viele Leute einer Familie geballt an einem Ort gesehen. Gehörten sie überhaupt zur selben Familie? Sie hatte nicht die geringste Ahnung, denn sie vermochte zwischen all diesen weißhäutigen Wesen keinerlei Unterschied zu erkennen. Nur eins war gewiss: dass sie ihr nicht feindlich gesonnen waren. Weit davon entfernt. Vollkommen gleichgültig traf es wohl am ehesten.

In das Lager kam allmählich Bewegung.

Die einen bereiteten Pfeilspitzen vor, um zur Jagd aufzubrechen, während andere sich alltäglichen Verrichtungen zuwandten. Die Erwachsenen hieben auf große Feuersteinkerne ein, drehten sie dabei mit unglaublichem Geschick und schlugen dann plötzlich fertig geformte Spitzen heraus. Beim Zusehen dachte Oli unwillkürlich an Wilma, die stets auf neue Techniken der Steinbearbeitung aus war: Das hier war wirklich etwas Neues!

Nicht mal die Kinder achteten auf sie, der Lärm ihrer Spiele, mit so undurchschaubaren Regeln wie bei den Kindern ihres eigenen Lagers, übertönte die ruhigen, dumpfen Schläge der Steinhauer.

Oli saß auf dem Hintern und beobachtete diese Leute: ein Morgen wie jeder andere in einer beliebigen Sippe ... Nur eben doch nicht, überhaupt nicht! Aus ihren gleichzeitig vertrauten und äußerst fremden Gebärden erwuchs ein Gefühl der Andersartigkeit, das sie nicht in Worte fassen konnte.

Langsam rückte sie an eine der Frauen heran und hob

eine Feuersteinspitze auf, die diese eben hatte zu Boden fallen lassen. Die Frau streckte die Hand aus, um sie zurückzuverlangen, aber im Tausch dafür löste Oli die Spitze von ihrem Speer, die schmaler und zugleich ebenmäßiger war. Die Frau prüfte den Gegenstand gründlich, dann zeigte sie ihn den anderen.

Es folgte eine lange Diskussion in einer unbekannten Sprache, die aus hochgradig unerträglichen spitzen Schreien bestand, aber auch aus Lachern, die spöttisch zu sein schienen. Schließlich gab die Frau ihr die Spitze wieder und forderte mit einer groben und nachdrücklichen Handbewegung ihre eigene zurück.

»Ich weiß nicht, was du bist, aber du hast keinen Geschmack«, sagte Oli leise, ironisch, und reichte sie ihr. »Dein Ding mag schärfer sein, aber es ist auch megahässlich.«

Die Frau griff nach einem Speer und ein paar Ersatzspitzen und schloss sich einer Gruppe von einem Dutzend Jägerinnen und Jägern an, die sich gerade formierte. Gleich darauf setzten sie sich im Laufschritt in Bewegung. Oli beschloss ihnen zu folgen. Zu ihrer Überraschung stiegen sie nicht zum Fluss hinunter, wo die Rentiere durchzogen, sondern kletterten an der Felswand entlang in Richtung der Hochebenen.

Oli hatte irrsinnige Mühe, Schritt zu halten, und stellte fest, dass die Beine der anderen zwar kürzer, aber auch kräftiger und ausdauernder waren als ihre. Und obendrein rannten sie barfuß, ihre Zehen krallten sich ins Gestein, wo ihre Stiefel rutschten. Im Übrigen kletterten sie mit irritierender Gewandtheit, ließen sich vom Schlängeln natürlicher Simse im Fels leiten und folgten so einem vorgezeichneten Weg, der aussah, als existierte er schon seit Anbeginn der Zeit.

Als sie sie endgültig abgehängt hatten, gab sie die Verfolgung auf und stieg atemlos wieder hinab zum Lager, durchquerte dann den Fluss, um nach Hause zurückzukehren.

Jagende Frauen – sie hatte jagende Frauen gesehen!

Sicher, die waren ganz anders als sie, aber es waren unbestreitbar Frauen, die sich nicht mit der Rolle der Sammlerin oder Fischfängerin zufrieden gaben, sondern die gleichen Waffen trugen wie die Männer, während andere sich dafür entschieden hatten, im Lager zu bleiben und die Kinder zu hüten. Und trotzdem war davon die Welt nicht ins Chaos gestürzt, wie man es ihr immer eingebläut hatte. Die Nacht, die den Tag übernimmt. Der Himmel, aus dem es Steine regnet. Auerochsen, die Löwen fressen. Der Fluss, der aufwärts zu fließen beginnt. Und als Krönung so was wie: die Welt, die sich umstülpt wie ein Fellfäustling. »Willst du, dass das passiert? Nein? Dann bleib an deinem Platz.«

Aber nichts von alldem war passiert, als diese Frauen jagten. Man hatte sie also belogen und grundlos bestraft!

Auf dem Rückweg überkam sie solche Wut, dass ihr das Blut zu Kopf stieg.

Als sie zu Hause eintraf, gingen die Frauen der Sippe friedlich ihren Beschäftigungen nach, ohne jede Ahnung von der kosmischen Umwälzung, deren Zeugin sie gerade geworden war – was sie noch mehr aufbrachte.

»Hast du am Fluss kein Holz gefunden?«, fragte Wilma, um den Schwindel aufrechtzuerhalten, aber Oli stürmte an ihr vorbei und ging mit geballten Fäusten direkt auf Ältesten Onkel los.

»Sehr schlau, was du machst!«

»Was mache ich denn?«, erwiderte er, in der Sonne dösend.

»Dein Trick da: *Die Linie ist der Mann, die Frau ist der Kreis.* Woraus folgt, dass ich die Welt ins Chaos stürze, weil ich keine Lust habe, mich in die Hütte sperren zu lassen oder wie eine Blöde im Kreis drum herumzulaufen ...«

»Was ist denn mit dir los?«

»Während wir in einem Kreis gefangen sind, amüsiert ihr euch bei der Jagd. Und rein zufällig sind es die Finger, die man mir zur Strafe abhackt; alles, um zu verhindern, dass ich einen Speer halten kann! Dabei verlange ich gar nicht viel, nur dass ihr mich in eure Gruppe aufnehmt, damit ich beweisen kann, wozu ich fähig bin ... Nur weil mein Geschlecht die Form eines Kreises hat, heißt das nicht, dass ich keinem Beutetier nachstellen, darauf anlegen und es töten kann, das hat nichts miteinander zu tun! Und was diese Geschichte vom Chaos angeht: Das ist eine Erfindung; ein Trick, um uns Angst zu machen, ersonnen von unseren männlichen Ahnen, um alle lästigen Pflichten von sich abzuwälzen!«

»Ach ja?«, sagte Ältester Onkel ironisch. »Und wie kommst du darauf?«

»Weil ich gerade eben Frauen auf der Jagd gesehen habe, und rate mal! Es ist nicht Nacht geworden, und die Welt hat sich nicht umgestülpt wie ein Fäustling!«

Er richtete sich auf, packte ihren Arm und schüttelte sie heftig. »Du hast Leute gesehen? Wo?«

Sie wies mit anklagendem Finger auf die andere Talseite. »Da drüben!«

Sofort trommelte er die Sippe zusammen, und im Nu

war der Felsunterschlupf leer; nur sie und Wilma blieben zurück.

»Was hast du da drüben gesehen?«

»Frauen, die jagen!«

»Das hab ich kapiert, aber was noch?«

»Viele Leute ... Sehr viel mehr als wir, aber überhaupt nicht wie wir. Du weißt doch, wie Pferdehaut unter dem Fell aussieht? Ihre ist auch so: weiß, nur dass sie dreckig sind und voller Schlamm. Und ihre Haare sind wie vertrocknetes Gras: gelb. Und ihr Kopf ist wie ein riesiges liegendes Vogelei, mit Knochen, die ihnen aus der Stirn ragen und ihre Augen vor dem Regen schützen. Und ihre Zähne sind breit und dick wie bei Rentieren. Und sie haben große Nasen und riesige Brustkörbe. Nur ihre Kleinen sehen uns bis auf die Farbe etwas ähnlich, in den Kindergesichtern verschwimmen die Unterschiede. Ihnen ist allen sehr warm, und sie tragen so gut wie keine Kleidung. Nur ein Stück Leder, um ihr Geschlecht zu schützen. Sie haben Sachen um den Hals, ich glaube, die sind zur Zierde, denn keine Ahnung, wozu sie sonst gut sein sollen, mit einer Schnur, auf die Tierzähne aufgezogen sind und runde Dinger mit komischen Formen, die ich noch nie gesehen habe, die scheinen aus Knochen zu sein. Außerdem versteht man nichts von dem, was sie sagen, denn sie sprechen nicht, sondern stoßen durch die Nase schrille Schreie aus, wobei ich nicht mal weiß, ob es Wörter sind. Und sie stinken, du glaubst es nicht! Aber ich bin mir sicher, auch wenn sie aussehen wie aus einem Albtraum, sind es trotzdem Menschen ... Sie machen Feuer, sie haben Speere, sie behauen Steine, sie lachen miteinander und halten ihre Kinder an den Händen, um ihnen laufen beizubringen ... Ja, sie sind Menschen, aber ganz anders!«

»Fremde?«, fragte Wilma, um etwas zu sagen.

»Jedenfalls scheinen sie an unseren Anblick sehr viel mehr gewöhnt zu sein als wir an ihren, denn sie haben sich kein bisschen für mich interessiert.«

»Womöglich haben sie dich für ein Kind gehalten.«

»Das würde mich wundern, wo sie mir nur bis zur Schulter reichen. Ihre Körper erinnern an missratene Lehmfiguren, du weißt schon. Wie Blöcke. Gedrungen. Warte, da ist noch was! Das wird dich interessieren: Sie behauen den Stein überhaupt nicht so wie wir. Sie drehen einen riesigen Feuersteinkern rasend schnell in ihren Händen, als würden sie damit feilschen: Klack, klack, klack, gib mir eine Spitze, und zack, schon fällt die geformte Pfeilspitze ab, und dann kleben sie sie mit einer Paste auf den Speer, statt eine Ewigkeit damit zu verbringen, sie festzuschnüren wie wir. Aber das Wichtigste ist, dass die Frauen mit den Männern auf die Jagd gehen, ohne dass die Welt sich deshalb umstülpt wie ein Fäustling.«

»Ältester Onkel wird Augen machen.«

»*Was einmal gesehen ist, ist für immer gesehen*; das haben wir oft genug gehört, oder? Darum glaube ich kaum, dass er uns noch mal mit seinem *Die Linie ist der Mann, die Frau ist der Kreis* kommt, wenn er gesehen hat, was dort läuft. Die Dinge können sich ab jetzt nur noch ändern. Ich muss Speerwerfen üben. Komm mit; sie sind alle weg, da haben wir den ganzen Tag unsere Ruhe!«

Die Paläontologie stand immer vor der Frage, was für mysteriöse Beziehungen sich seinerzeit zwischen Sapiens und Neandertalern entspannen, als sie mit ihren unterschiedlichen Kulturen im gleichen Gebiet lebten, bis Letztere wegzogen und irgendwann endgültig verschwanden.

Diese Begegnung ereignet sich zu Beginn des Aurignacien, ebenso wie die damit einhergehende Industriespionage. Tatsächlich zeigen manche Steinwerkzeuge, die sich in den dieser Zeit zugeordneten archäologischen Schichten finden, eine Übernahme der Form, nicht jedoch der Technik der Feuersteinbearbeitung, was bedeutet, dass beide Arten der Gattung Homo sich ihre eigene Technik bewahrt haben. Mit anderen Worten: Es scheint kein Know-how-Transfer von einem Sapiens-Handwerker an seinen Neandertaler-Kollegen stattgefunden zu haben, sondern mehr oder weniger geschickte Nachahmung, sicher weil Erstere Werkzeuge aufgelesen haben, die Letztere in den Felsunterschlupfen zurückgelassen hatten und die ihnen zusagten, so dass sie sie imitierten.

Das lithische Inventar der Grabstätte ist in dieser Hinsicht faszinierend.

Gefunden haben wir einen Faustkeil aus grünem Jaspis vom Typ Lorbeerblatt, der seiner Zeit um 15 000 Jahre voraus ist und von einem außergewöhnlich kompetenten Steinhauer gefertigt worden sein muss, denn er hatte die Idee, den Stein zu erhitzen, um ihn besser bearbeiten zu können. Gefunden haben wir auch durch Levalloistechnik gewonnene Pfeilspitzen im Châtelperronien-Stil – also aus der mit dem beginnenden Aurignacien zeitgleich bestehenden Neandertaler-Übergangskultur. Sie wurden jedoch erhitzt und mit einem weichen Schlaggerät bearbeitet – Beweis nicht für die Nachbildung eines am Boden aufgelesenen Werkzeugfunds durch einen Sapiens, sondern für eine Begegnung mit dem Neandertaler zur Zeit der Herstellung dieses Werkzeugs.

Diese Spitzen – selbst wenn es nur sie gäbe – wären für sich schon eine wichtige Entdeckung. In der Tat sind diese Artefakte der erste konkrete Beleg, dass jemand von unseren Vorfahren mit eigenen Augen sah – bestimmt mit all dem Befremden, das eine solche Begegnung auslöst –, wie diese andere Menschenart einen Feuersteinkern zurichtete, und daraufhin deren besonders effiziente Bearbeitungsmethode übernahm und sie mit der eigenen avantgardistischen Technik der Erhitzung verband.

Zudem haben wir in dieser Höhle zwei Sapiens-typische Faustkeile gefunden, die jeder auf seine Weise spektakulär sind: der eine, den ich bildhübsch nennen möchte – aber dazu später –, weil er in der Mitte mit einem kleinen Trilobit-Fossil verziert ist; der andere, ein kleiner brauner Schaber, weil es sich hier um ein personalisiertes Werkzeug handelt. Hätten Sie ihn wie ich in Händen gehabt, dann hätten Sie nämlich wahrnehmen können, wie weich er sich anfühlt; wie natürlich er sich in eine linke Hand fügt. Mit der Spitze von Ringfinger und kleinem Finger hätten Sie die zwei Stopper spüren können, die darauf hindeuten, dass er speziell für die verstümmelte Hand der Person behauen wurde, die wir *La Dame de Winiarczyk* getauft haben, um ihr beim Schaben einer Tierhaut optimalen Halt zu bieten.

Dieser kleine schokoladenbraune Schaber, für den der Stein, aus dem er entstand, offenbar so gewählt wurde, dass sein Farbton zum Teint seiner Besitzerin passt, denn die in dieser Gegend gefundenen Feuersteine sind fast immer weiß, beige oder grau – dieser kleine Schaber rührt mich besonders. So fern sie uns zeitlich sind, so anders ihre Kultur auch ist, gebrauchten unsere Vorfahren ihre Sinne eindeutig genau so, wie wir es heute tun. Wenn ich also dieses kleine Werkzeug befühle, es mit meiner Hand umschließe, empfinde ich bei seiner Berührung das Gleiche wie diese Frau. Indem ich buchstäblich den Finger darauf lege, kann ich gar nicht anders, als ihre Wirklichkeit und unsere gemeinsame Menschlichkeit körperlich zu spüren.

 Die beiden ließen sich am Flussufer bei einem moosbewachsenen Erdwall nieder, damit Wilma sich gemütlich ausstrecken konnte. Eine Weile schaute sie schweigend zu, wie Oli sich im Speerwerfen übte, dann unterbrach sie sie.

»Sag mal, ist dir das aufgefallen: Je näher du die Hand an der Spitze deines Speers hast, desto schwächer wirfst du und desto weniger weit fliegt er.«

»Wie meinst du?«

»Los, versuch mal, ihn eher am anderen Ende zu halten. Die Hand so weit hinten wie möglich.«

»Das ist doch hirnrissig, er wird einen Sturzflug hinlegen!«

»Mach, was ich sage; du musst nur den Wurf korrigieren, indem du mit dem Speer Richtung Himmel zielst.«

Oli befolgte den Rat, so gut es ging, und ihr Wurf gewann tatsächlich an Kraft. »Ja, nicht schlecht, bloß dass Rentiere nicht fliegen und ich es überhaupt nicht hinkriege, vernünftig zu zielen.«

»Wie wäre es, wenn du den Speer mit einem Schlag gegen das Schaftende losschickst.«

»Wie soll das gehen?«

»Keine Ahnung, zeig mal, wie du es machen würdest.«

»So, wie man einen Stein aus der hohlen Hand schleudert …«

»Hast du die Bewegung gesehen, die du mit deinem Arm ausführst? Ein Halbkreis. Im Grunde bräuchte es etwas … eine Art Ast, den du festhältst und auf dem dein Speer aufliegt. Er würde deinen Arm ersetzen, um diese Bewegung nachzuahmen, und dir gleichzeitig ermöglichen, dem Speer von ganz hinten Schwung geben. Ich hab eine Idee, warte kurz!«

Wilma stand mühsam auf und suchte das Flussufer nach einem geeigneten Stück Holz ab, während Oli sich daranmachte, ihnen ein Abendessen zu fischen.

Langsam, denn sie wollte so wenig Wirbel wie möglich verursachen, watete sie bis zur Mitte des Wasserlaufs an eine Stelle, die sie als gutes Plätzchen kannte, fast ohne Strömung und mit sehr dunklem Grund, wo sie die Fische zwischen ihren Füßen mühelos anvisieren konnte. Doch wider Erwarten war es ihr Spiegelbild, das ihre Aufmerksamkeit auf sich zog.

Das war eine Premiere.

Normalerweise hatte sie sich nie wirklich für ihr Abbild interessiert, aber die Erscheinung der weißen Frau mit dem nackten Oberkörper geisterte durch ihren Kopf, so dass sie Lust bekam, sich selbst eingehend zu betrachten und zu prüfen, ob sie tatsächlich nach einer Jägerin aussah ... Sie stieg aus dem Wasser, zog ihr Hemd aus, ging wieder hinein und stellte sich nackt über dem schwarzen Untergrund auf.

Ihre langen, muskulösen Beine ... Ihr Oberkörper mit den großen stolzen Brüsten ... Ihr Gesicht mit der schwarzen Haut und ihre schmale, ebenmäßige Nase ... Ihre großen goldbraunen Augen mit dem gewaltigen braunen Haarschopf darüber ... Ihr geheimnisvolles Geschlecht in der Form eines schwarzen Lochs ... Sie schaute sich an. Es war dieses Äußere, dessen Spiegelbild sie betrachtete, an dem die anderen sie erkannten, wenn sie mit ihnen sprach ... Aber nicht nur ... Da war noch etwas Zusätzliches: sie. Oli. Ihre innere Stimme, die durch diesen Strom unzusammenhängender Bilder, Wörter und Sätze unablässig mit ihr redete. Ihr Blick. Ihre Fragen, die alle nervten. Ihr *Ich gehe aber* oder *Ich mach's trotzdem*, sobald man ihr irgendwas verbot. Ihre Erinnerungen. Das alles war Oli. Das und dieser Körper, dessen Spiegelbild sie wahrnahm. Hingegen war das, was er enthielt, ihre Organe, ihr Blut und ihre Knochen, in kleinerer oder größerer Ausführung das Gleiche, was sich in allen Tieren fand; sie wusste das, sie hatte es gesehen. Plötzlich fiel ihr der Jagdunfall mit dem Wollnashorn ein – wie Ältester Onkel ratlos die Gedärme des Jägers durchsucht hatte – und entfaltete seine volle Bedeutung. Er fand diese zusätzliche Sache nicht, diese Wesenheit, die ihn an seinen Freund erinnerte, und verstand nicht, wie »das« bloß aus seinem Körper entwichen war, wo er doch von seinem Tod an ununterbrochen bei ihm Wache gehalten hatte.

»He, du wirst es nicht glauben«, rief ihre ältere Schwester und unterbrach damit ihren metaphysischen Streifzug. »Ich hab das Stück Holz gefunden, das ich gesucht habe; die ideale Form ... Was treibst du denn da nackt im Wasser?«

»Hast du dich schon mal gefragt, wo deine innere Wilma steckt?«, antwortete Oli und betrachtete weiter ihr Spiegelbild.

»Meine was?«

»Du weißt schon, die Stimme, die in dir drinnen spricht, wenn du irgendwas Eintöniges machst. Dein ›du‹ in klein. Aus welchem Mund kommt sie, diese innere Rede?«

»Zunächst mal glaube ich nicht, dass es ein Mund ist ...

Und dann sprechen manchmal mehrere Personen. Wenn ich mich zum Beispiel mit Erin, Idra oder Arienne gezankt und nichts gefunden habe, um ihnen das Maul zu stopfen, spiele ich die Szene so lange nach, bis mir etwas richtig Kränkendes einfällt. Aber deshalb habe ich nicht den Mund dieser drei Zicken in mir. Genauso wenig wie ihren Körper in klein. Trotzdem beende ich diesen inneren Streit jedes Mal damit, dass ich sie mit einem Ast oder Steinen zerquetsche.«

»Weißt du noch, als wir klein waren und dieser Jäger von einem Wollnashorn aufgespießt wurde? Direkt nach seinem Tod habe ich gesehen, wie Ältester Onkel ihn von oben bis unten aufgeschlitzt und den ganzen Rumpf durchsucht hat. In dem Moment habe ich nicht kapiert, was er tat, aber jetzt weiß ich es: Er suchte seinen Freund im Innern von dessen Körper. Und weißt du, warum er ihn nicht gefunden hat? Weil er woanders war. Irgendwo hinter seinen Augen, in seinem Kopf. In der Gegend hier«, Oli zeigte mit dem Finger auf die Stirn ihrer Schwester, »da, wo ich hingucke, wenn ich mit dir rede.«

»Wo willst du auch sonst hingucken? Auf Höhe des Geschlechts?« Und da sie Olis gereizte Miene sah: »Na gut, du hast recht, irgendwo in meinem Kopf hockt eine Miniatur-Wilma.«

»Findest du, das ist Quatsch?«

»Ganz ehrlich? Ja! Diese Stimme, das ist nichts. Nur Lärm. Wörter, die aus meinem Inneren kommen wie das Geräusch meines Atems oder meines Herzschlags. Oft hat es keinen Zusammenhang: Satzfetzen, die sich überlappen, Bilder, Geschwindigkeit, alles Mögliche. Wenn ich mich auf eine Aufgabe konzentriere, hört es auf, und irgendwann setzt der Lärm wieder ein. Ich denke, es ist nur da, weil wir am Leben sind.«

Schweigen.

»Eben, genau das ist es! Weil wir am Leben sind, hören wir diese innere Stimme, die mit uns spricht! Aber wenn du mal tot bist, wo geht diese innere Wilma, die mit dir plaudert, dann hin? Wo landen sie, deine Erinnerungen an Späße und Streitereien, diese Satz- oder Liedfetzen, von denen du sprichst, und alles, was du über das Behauen von Steinen weißt? Wo geht das alles hin, wenn dein Körper verfault? Wo gehst *du* hin?«

»Keine Ahnung!«

»Aber die Frage ist doch interessant, oder?«

»Ja, aber es wird immer eine Frage bleiben, weil wir sie nicht beantworten können. Im Übrigen ist das der Grund, warum man die Körper der Menschen wegschafft, wenn sie tot sind, und warum man sie nicht zeichnen darf. Um sich anderem zuzuwenden. Um diese quälende Frage nicht mehr vor der Nase zu haben. Stell sie doch mal Ältestem Onkel, wirst ja sehen, wie er reagiert …«

»Neulich hab ich ihn bei dem Versuch überrascht, eine Spitze an einem Speer festzuschnüren. Er hat es dann Issa machen lassen und gefaselt, er hätte sich die Hand verletzt, aber in Wahrheit lassen ihn seine Augen im Stich, und er schafft es nicht mehr, kleine präzise Dinge zu tun. Die Männer haben es bemerkt, auch wenn sich keiner getraut hat, es anzusprechen. Das bedeutet, er beginnt zu verlöschen, wie eine Lampe, die ihr Fett aufgebraucht hat. Er, der sich immer überlegen gefühlt hat – zu wissen, dass er sterben wird wie alle anderen auch, macht ihn fuchsteufelswild. Deshalb ist er wütend auf uns und wird immer ätzender.«

»Ich schlage vor, wir helfen den Kleinen, die Elfenbeinperlen für sein letztes Hemd zu schnitzen, vielleicht krepiert er dann schneller.«

Oli lachte aus vollem Herzen. »Hervorragende Idee, ich mach mich gleich heute Abend ran!«

»Keine Sorge, früher oder später erwischt ihn ein Löwe, weil er viel zu langsam geworden ist.«

»Und Issa wird Ältester Onkel und geht uns seinerseits auf die Nerven – es hat kein Ende!«

»Ja ... Na gut. Probier einstweilen mal dieses Stück Holz aus ... Also es ist noch nicht ganz ausgereift, weil man einen speziell gefertigten Speer mit einer Mulde am Ende bräuchte. Den würde man vor dem Wurf an meinem Schleudergerät befestigen – mit einer Art Haken, der am Schaftende reingesteckt wird, um ihn festzuhalten. Und dann müsste man ihn auch befiedern, damit er geradeaus fliegt, aber du verstehst die Idee.«

»Äh ... nein?«

»Letzten Endes wird es die Form von diesem Ast da haben: eine Vorrichtung, die deinen Speer an dem Ende hält, das am weitesten von der Spitze entfernt ist, und die dir ermöglicht, ihn zu schleudern, indem du ihn mit einer ruckartigen Bewegung des Handgelenks und des Arms von dem Träger löst – derselben Bewegung, mit der du mir vorgemacht hast, wie du einen Stein wirfst.«

Wilma bekräftigte ihre Ausführungen mit vielen Gesten und schematischen Zeichnungen im Uferschlamm, aber angesichts Olis leerem Blick schloss sie: »Du musst es ausprobieren, in der Praxis verstehst du es sofort.«

Oli legte ihren Speer auf das Holzstück und schleuderte ihn, wie ihre Schwester es ihr erklärt hatte. Die Entfernung zwischen ihr und der Einschlagstelle vervierfachte sich.

»Moment mal, das ist ja ein Zaubertrick! Wenn das die Jäger sehen ...«

Ihre Schwester geriet in Wut. »Ich glaub, ich spinne! Jedes Mal, wenn du oder ich eine Idee haben, die ein bisschen aus dem Rahmen fällt, ernten wir nur Spott oder Neid. Ich bin stolz auf meine Erfindung, und das allein zählt. Ihre Meinung ist mir scheißegal! Wenn du ihnen davon erzählst, werden sie mit meinem Gerät bestenfalls rumspielen und alles töten, was sich bewegt, und dann Erin, Idra und Arienne größere Geschenke machen, um sie zu vögeln, aber dich und mich werden sie trotzdem nicht leben lassen, wie wir wollen, weil sie nur eins interessiert: auf uns abzuwälzen, wozu sie keine Lust haben, und uns durch Aushungern zu unterwerfen. Ich dachte, zumindest das hättest du kapiert!«

»Ja, ich weiß.«

»Mein Ding hier ist dafür gedacht, *deinen* Speer zu schleudern; für dich hab ich es mir ausgedacht. Für dich und niemanden sonst! Und jetzt gehe ich zurück zur Hütte und mache dir aus einem Rentierknochen eins in schöner und fester. Ach so, fast hätte ich es vergessen, guck mal, was ich für deine Steinsammlung gefunden habe.«

Und sie hielt ihrer Schwester ein Stück weißgeäderten blutroten Marmor hin.

»Wenn du ihn nass machst oder mit Rentierfett einreibst, sieht er genau wie ein Stück Fleisch aus, findest du nicht?«

Den ganzen Tag übte Oli mit der von ihrer Schwester konstruierten Schleuder und einem Baumstamm als Zielscheibe. Im Laufe ihrer Versuche erkannte sie, wie gewaltig diese Entdeckung war. Was sie da erfunden hatte, war keine gewöhnliche Jagdmethode ... Es war eine revolutionäre Waffe, die dich davor bewahrte, getreten, gestoßen oder gebissen zu werden, indem sie die Möglichkeit eröffnete, zu zielen und dann zu werfen, ohne sich unmittelbar in Gefahr zu begeben. Mit diesem einzigartigen Gerät hatte Wilma Oli ein Mittel an die Hand gegeben, aus der Entfernung zu töten, was sie stärker machte als alle Männer zusammen.

Bei Einbruch der Nacht sammelte sie ihre Sachen zusammen und kehrte zu den Hütten zurück, gut gelaunt und mit fünf großen Fischen aufgereiht auf ihrem Speer.

Von weitem sah sie, dass die ganze Sippe von ihrem Besuch bei den Fremden zurück war, aber als sie sich dem Lager näherte, spürte sie sofort, dass etwas nicht stimmte. Eine lastende Stille umgab den Ort; der Klang von Schockstarre. Ein schreckliches Drama hatte sich ereignet.

Die Frauen der Sippe umringten Wilma, die leblos auf einer blutbedeckten Tierhaut lag.

»Ihr Kind ist problemlos und gesund herausgekommen, und wir haben uns alle für sie gefreut, weil es so leicht ging. Dann fing sie an zu bluten. Sie war so froh, dass es ein kleines Mädchen ist, sie hat gelächelt und gesagt, wir sollten uns keine Sorgen machen, es würde bald aufhören; aber ich hab sofort gesehen, dass das nicht normal war«, heulte Rava. »Irgendwann schlief sie mit der Kleinen im Arm ein. Dann ist sie nicht mehr aufgewacht.«

»Das Leben hat sie sanft verlassen, ohne dass sie Schmerzen gelitten hat«, fügte ihre Mutter hinzu.

Oli bekam schlagartig keine Luft mehr und fing an zu brüllen wie ein Tier, so schlimm bohrte der Kummer in ihren Eingeweiden. Ihre Mutter schloss sie in die Arme und hielt sie fest, lange, aber ihr Körper versteifte sich, verweigerte diesen Trost, der bedeutete, dass das Unwiderrufliche geschehen war. Als sie endlich schwieg, kniete sich die alte Frau neben den Körper ihrer ältesten Tochter, nahm ihr das Gebäramulett aus der verkrampften Hand, ihr Figürchen aus Mammutelfenbein, und reichte es Oli.

»Sie wäre froh, wenn du diejenige bist, die es tut.«

Verstört nahm Oli ihren Faustkeil und köpfte die kleine Figur.

Sie saß im Kreis der anderen Frauen und wachte stumm über den Körper ihrer geliebten Schwester.

Sie wunderte sich, dass sie viel kleiner wirkte als zu Lebzeiten, verstand nicht, wie so etwas möglich war, wo es sich bei den Tieren eher andersrum verhielt: Tot auf dem Boden ausgestreckt sahen sie größer aus!

Ihre Haut verfärbte sich schon, wechselte ins Graue mit winzigen dunklen Äderchen, die, wo sie den Boden berührte, eine Art Marmorierung bildeten. ›Unfassbar, wie heftig das Unglück die Menschen urplötzlich treffen kann‹, dachte sie. Sich nicht wieder binden, niemals! Sich immer erinnern, wie weh es tut! Als sie sich die letzten Augenblicke vergegenwärtigte, die sie zusammen verbracht hatten, ermaß sie, wie flüchtig das Glück war und wie sehr es in kleinsten Kleinigkeiten steckte: der Klang des Flusses, dem sie gemeinsam lauschten, die Sonne, die ihre nebeneinander ausgestreckten Körper wärmte, ihre Verbundenheit, die Aufregung um diese neue Erfindung, mit der sich Speere schleudern ließen, und das genüssliche Gefühl bei der Aussicht, sie vor ihren Onkeln zu verbergen ... ›In dem Augenblick selbst merkt man es nie, wenn man glücklich ist, deshalb denkt man nicht daran, Glücksvorräte für schwere Zeiten anzulegen, wie man es mit getrocknetem Fleisch macht in Erwartung der Tage, an denen es nichts mehr zu essen gibt.‹ Wilmas Tod würde ein Vorher und ein Nachher markieren und ihr Leben mit einer Rußschicht überziehen wie nach einem verheerenden Steppenbrand.

Dann versuchte sie sich an einer Aufzählung all der schönen Ereignisse, die ihre Schwester nun nicht wieder erleben würde, und kam auf nichts außer einer Abfolge von Kreisen; jedenfalls nichts, was ihrer außergewöhnlichen Persönlichkeit würdig gewesen wäre ... ›Wenn ich anhand der Zeiten, in denen sie wirklich Spaß hatte, ihr Alter bemessen sollte, wie alt wäre sie dann heute? Und wenn man so rechnet, wie alt wäre ich selbst?‹ Als Antwort auf ihre unausgesprochene Frage seufzte sie so laut, dass alle ihr vorwurfsvolle Blicke zuwarfen. Sie gab sie hochmütig zurück. Wer von diesen Klageweibern war sich der gewaltigen Lücke bewusst, die ihr Tod hinterließ, wo das Einzige, was sie von ihr in Erinnerung behielten, ihr Fleiß bei der Erledigung ihrer Pflichten war und ihr Geschick beim Behauen von Steinen? Na wer? Erkannten diese Idiotinnen ihre Bedeutung für das Gemeinwohl? Wie an jenem Tag, als sie reglos beobachtete, wie Eiszapfen vom

Felsunterschlupf tropften, und ausrief: »Eis, Wasser: Es ist das Gleiche in unterschiedlichem Zustand, nur die Temperatur ändert sich! Dasselbe gilt für Fett: hart, wenn es kalt ist, flüssig, wenn man es erhitzt. Es muss folglich für alles gelten, auch für Stein.«

»Hast du nichts Nützlicheres zu tun, als den Eiszapfen beim Schmelzen zuzuschauen?«, hatte ihre Mutter erwidert. Dabei war es diese geniale Beobachtung, dank der Wilma die Technik entwickelte, den Feuerstein durch Erhitzen mürbe zu machen, um ihn feiner beschlagen zu können und schärfer zu machen, ohne dass er brach. Die gesamte Sippe hatte davon profitiert, aber es hatte ihr niemand gedankt, einfach weil ihr die prahlerische Eitelkeit der Männer abging, die beim leisesten Anflug einer Idee gebauchpinselt werden wollten.

Und Oli spürte, wie Wut in ihr aufstieg ...

Zuallererst fand sie, dass Erin, Idra und Arienne übertrieben und ihre Tränen unecht wirkten, denn sie konnten Wilma gar nicht ausstehen, die keine Gelegenheit ausließ, bissige Bemerkungen über die Fleischzulagen zu machen, die ihre Brüder und ihre zwei Onkel den dreien gegen Sex boten. Überhaupt, warum waren die nicht hier, um sie gemeinsam mit den Frauen zu beweinen? Was hatten sie denn Wichtigeres zu tun? Diese ganze Totenwache ergab sowieso keinen Sinn. Man gab vor, das Leid gemeinsam zu tragen, als wäre es ein mehrhenkeliger Korb, dabei war man unerträglich allein mit seinem Schmerz; dem Schmerz, sich der geliebten Person nie wieder anvertrauen zu können.

Da begriff sie, was für übermenschliche Kräfte sie ab jetzt würde aufbieten müssen, um das Gesumm ihrer Gespräche abzustellen, ihre kleinen Alltagsrituale, ihre Lachkrämpfe ... All die Erinnerungen, die durch ihren Geist strömen und ihr das Herz schwer machen würden. Die aber unweigerlich in Vergessenheit geraten würden, wenn sie sie zu verscheuchen versuchte, damit es nicht so wehtat. Wie dieses Liedchen, das sie sich ausgedacht hatten, um über Idras Tick zu spotten, mit Nase und Mund eine Murmeltierschnauze zu formen, wann immer sie sich langweilte. Jetzt bei der Totenwache trieb sie es auf die Spitze! Oli wechselte unauffällig die Sitzhaltung, um ihr einen heftigen Rippenstoß zu verpassen, damit sie das ließ.

Sie versuchte Vorzeichen zusammenzutragen, die sie übersehen haben mochte und die eine solche Katastrophe angekündigt hatten. Sie kam auf kein einziges, außer vielleicht diesem Gespräch über den Tod, das sie geführt hatten. Auch wenn man die Leiche nach der Totenwache verschwinden ließ, damit die Sippe sie *nicht mehr vor der Nase hatte*, wie Wilma es am Nachmittag ausgedrückt hatte, würde die *Frage-ohne-Antwort* immer wieder hochkommen: Wo wurde das alles hingeräumt, was bis vor nicht mal einem Tag Wilma gewesen war? Wie konnte eine Person, die im Leben der Sippe so viel Platz einnahm, binnen weniger Augenblicke verschwinden? Hatte womöglich genau diese Frage die Ahnfrauen dazu bewegt, ihre Handabdrücke an die Höhlenwand zu setzen? Eine Spur hinterlassen, um nicht ganz zu sterben. Dafür sorgen, dass ihre Anwesenheit die Zeit überdauerte, fixiert auf Stein, der seinerseits ewig war. Sie musste schleunigst eine geistige Sammlung von Dingen anlegen, die die Wilma bewahrten, die noch ein wenig lebendig in diesem toten Körper gefangen war, ehe er abseits der Blicke verrottete. Da gab es die Vulva-Graffiti, die sie in den Lehm der Höhlenwände geritzt hatte, und dazu die eingravierte Riesenvulva auf dem halb versunkenen mächtigen Felsen vor der Hütte. Dies kleine Elfenbeinpferd, das sie für Oli geschnitzt hatte, als die noch ein Kind war. Die Steine, die sie so gut zu behauen wusste: der Jaspisfaustkeil und dieser speziell auf ihre verstümmelte Hand zugeschnittene braune Schaber, den sie immer bei sich trug. Ihre brillante Idee mit der Schleuder, die vorerst noch in der Schwebe hing, aber nur auf Umsetzung wartete. Ihr Sohn, der bald zur Gruppe der Jäger stoßen würde, die ihn mit allen Mitteln vergessen lassen würden, dass er eine bemerkenswerte Mutter gehabt hatte ... Und diese Kleine, die, kaum geboren, schon keine Mutter mehr hatte und brüllte, weil sie hungrig war und keine imstande, sie zu stillen.

Oli rollte sich zusammen, schloss die Augen und schlief ein, aber die Welt ohne Wilma hörte trotzdem nicht auf zu existieren, denn die Schreie ihres Neugeborenen, das man in Erwartung seines Todes in der Hütte abgelegt hatte, drangen in ihren Schlaf.

Als sie jäh erwachte, stellte sie fest, dass ihre Schwester bereits fortgeschafft worden war. Man hatte sie in der Nacht in die Haut gerollt, auf der sie gelegen hatte, um sie weiter weg in eine Felshöhle zu bringen, wo die Sippe üblicherweise ihre Toten aufbewahrte.

Das war's: Wilma war von einer Person zu einem Ding geworden, das man bei seinesgleichen an einem dafür vorgesehenen Ort ablegte, und die Felswand hatte sie verschluckt.

Oli stand auf und ging das Kind holen.

»Wo willst du damit hin?«, fragte Ältester Onkel und öffnete ein Auge, als sie mit dem Säugling im Arm an ihm vorbeiging.

»Nach drüben! Da gibt es Frauen, die stillen.«

»Das sind keine Menschen wie wir.«

»Na und? Wo ist das Problem? Sie wird so oder so sterben.«

Er zuckte die Achseln und ließ sie gehen.

Sie nahm wieder den Weg zum Lager der Fremden, doch diesmal betrat sie ohne Umschweife den Astunterschlupf. Drinnen rüttelte sie an einer der schlafenden Frauen, die ein Neugeborenes an sich drückte, und hielt ihr das Kind hin.

»He, stille sie!«

Nach einem vagen Blick rollte die Frau sich zusammen, um weiterzuschlafen.

»Wach auf und still sie!«

Keine Reaktion.

Sie fing an zu brüllen, bis einer der Männer aufstand und sie nach draußen zerrte, wobei er immerhin darauf achtgab, dass das Kind nicht zu Boden fiel. Sie versuchte es noch einmal, zweimal, dreimal ... Schrie, sang sogar. Irgendwann erkannte eine andere Frau, dass sie keine Ruhe geben würde, packte die Kleine und stopfte ihr ihre rosige Brust in den Mund. Das Kind saugte gierig, dann wurde es vor Erschöpfung ohnmächtig. Die Frau wollte es ihr zurückgeben, aber Oli weigerte sich, es zu nehmen. Um ihr zu verstehen zu geben, dass sie es behalten musste, zeigte sie ihr das Gebäramulett und spielte dessen Enthauptung nach.

»Das Kind ist von meiner Schwester ...«

Alle, die sich um sie versammelt hatten, wichen erschrocken zurück, verstanden diese symbolische Darstellung von Wilmas Tod nach dem Gebären nicht.

»Nein, nein, ihr irrt euch, das ist kein kleiner Mensch, sondern ein Amulett! Ein Gegenstand, den man während der Wehen festhält. Ein Stück geschnitztes Mammutelfenbein.«

Damit drückte sie es der, die das Kind gestillt hatte, gebieterisch in die Hand.

»Nimm!«

Die Figur und der Miniaturkopf gingen unter erstauntem Oh und Ah von Hand zu Hand, und als sie die Runde gemacht hatten, nahm die Frau sie wieder an sich, wickelte sie in eine Tierhaut und verstaute sie sorgsam an ihrem Schlafplatz, dann hob sie das Kind hoch, um es Oli zurückzugeben.

»Nein, nein, ich will es nicht! Du hast nichts verstanden, aber du willst tauschen? Perfekt, ich hab was für euch. Kommt mit raus ... Alle ...«

Und sie versammelte die ganze Sippe vor dem Unterschlupf, indem sie sie einzeln eins nach dem anderen nach draußen holte. Sie ließen es sich gutmütig gefallen, als wäre Oli ein Kind, das nicht Ruhe geben würde, bis sie sich seine elende Darbietung angeschaut hatten. Als sie alle wartend draußen aufgereiht waren, griff sie sich einen ihrer Speere.

»Aufgepasst, alle miteinander ... Ich lege den Speer auf das Holzstück hier, und mit einem Ruck aus dem Handgelenk weeerfe ich!«

Allgemeines Entzücken.

Oli übergab die Waffe an die Frau, die sie die Jagdgruppe hatte anführen sehen, und erklärte ihr durch Gestikulieren und Vorführen, wie man sie benutzte, und vor allem, welchen Tausch sie machen wollte.

Als sie das Lager verließ, stillte eine der Frauen erneut das Kind, während andere Mitglieder der Sippe abwechselnd ihre neue Gerätschaft ausprobierten.

›Wem soll ich eine so skurrile Geschichte jetzt erzählen, wo du nicht mehr da bist, um sie zu hören: deine kleine Tochter, die von einem dieser Albtraumwesen genährt wird‹, dachte sie traurig. Und da sie seit dem Vorabend nichts mehr gegessen hatte, gab ihr der Hunger das Zeichen heimzugehen.

Als sie nach Einbruch der Dunkelheit beim Unterschlupf ankam, war die gesamte Sippe ums Feuer versammelt. Die Unterhaltung drehte sich um die seltsamen Leute, von denen sie gerade kam und die sie am Vortag alle besucht hatten. Als sie ihren Platz zwischen den anderen einnahm, rechtfertigte sich Rava unter Tränen:

»Es ist gar nicht einzusehen, warum alle gleich sein sollten. Nehmt die Pferde: Die gibt es auch in allen Farben. Kleine und große. Manche mit glattem, andere mit rauem, noch andere mit langem Fell, aber darum galoppieren sie trotzdem zusammen und sind alle Pferde … Es gibt Leute, die nicht aussehen wie wir, mehr nicht!«, erklärte sie heftig.

»Was habt ihr jetzt wieder gesagt, dass sie sich so aufregt?«, fragte Oli Idra gedämpft.

»Es kommt daher, dass wir uns lustig gemacht haben …«

»Worüber?«

»Als wir bei den Fremden waren, haben wir sie ertappt, wie sie sich mit einem von denen vergnügte. Sie hat sich regelrecht auf ihn geschmissen. Denen da ging es übrigens genauso, die haben sich gebogen vor Lachen, als sie sahen, wie sie es miteinander machten.«

Und jede und jeder am Feuer steuerte noch ein schlüpfriges Detail bei. Die Verschmelzung der Körper ... Die Hände dieses Mannes mit der weißen Haut, wie sie ihre schwarzen Brüste kneteten ... Sein Mammutgebrüll, als er in sie eindrang – warum es nicht gleich mal vormachen ... Der pestartige Gestank seines Schweißes ... Sie auf den Knien wie ein Tier und er dahinter immer rein und raus mit seinem riesigen Geschlecht ... Und alle amüsierten sich auf Kosten der armen Rava.

Im Laufe des Geplappers bemerkte Oli bei sich ein Desinteresse und einen Ekel allem gegenüber. In ihrer Traurigkeit und abgrundtiefen Einsamkeit wollte sie in diesem Moment nur eins: sich ihren Anteil an Nahrung schnappen und ihn in einem dunklen Winkel der Hütte essen. Und das tat sie.

Ein paar Tage später verließen ihre seltsamen Nachbarn den Unterschlupf gegenüber, und dann ereignete sich nichts mehr.

 Tieftraurig und voller Groll stand Oli morgens in einem Zustand schrecklicher Erschöpfung auf. Mit ausdruckslosem Blick betrachtete sie stundenlang die Natur mit ihrem unerschütterlichen, gleichgültigen Rhythmus. Die Auerochsen wanderten am Fluss auf und ab und kauten Gras. Die Felswände schwiegen ... Und sofern das überhaupt ging, packte sie das heulende Elend noch heftiger. Nachts war es noch schlimmer. Wilma kam sie besuchen, als wäre ihr Tod nur ein schlechter Witz gewesen. Sie redete mit ihr, aber sobald Oli die Hand nach ihr ausstreckte, um sie zu berühren, löste ihre Schwester sich im Licht auf.

Die ganze Zeit drängte es sie, sich abzukapseln, doch kaum war sie allein, brachen unschöne Gedanken über sie herein wie ein wütender Wespenschwarm. Sie hasste es, wenn man sie in dieser Verfassung überraschte: weinerlich und verletzt. Da ihr bockiges Schweigen schlechte Stimmung verbreitete, verkniffen sich die anderen Frauen jede Bemerkung, erhoben keinen Vorwurf und übernahmen die Verantwortung für ihren Teil der Arbeit; alles lieber, als ihre miese Laune ertragen zu müssen. Ohnehin drückte sie sich meistens, erledigte nur das Allernötigste, sie fand ja nichts anderes als ihre Faulheit als kleinen Ausgleich für das, was das Leben ihr genommen hatte.

Was ihre Teilhabe an der Großwildjagd anging, Chaos hin oder her, weigerten sich die Männer so kategorisch wie zuvor, sie in ihre Gruppe aufzunehmen.

Immerhin hatte sie sich dank des Beispiels der Frauen von drüben das Recht erworben, Kaninchen und Vögel zu jagen, unter der Bedingung, dass sie die gesamte Beute an die Gemeinschaft abtrat. Und zu ihrer großen Erleichterung war sie immer noch nicht schwanger, anders als Erin, Idra und Rava, die jede ihr drittes Kind erwarteten.

Einzig die Ausarbeitung der Schleuder erfüllte sie mit ein wenig Glück, und sei es nur, weil es sie Wilma näherbrachte, für die sie ihre Fortschritte laut kommentierte, um sie noch ein bisschen bei sich zu behalten. Sie hatte einen versteckten Platz hinter einer Felsnase gefunden, wo sie im Geheimen Zielwurf üben konnte. Dort lagerte sie ihren Speer, den sie deutlich länger konzipiert hatte als die von den Mitgliedern der Sippe benutzten, sowie einen geraden Rentierknochen, dessen vorderes Ende sie so bearbeitet hatte, dass das Gabelbein eines Vogels hineinpasste und den Speer stützte. Hinten am Ende hatte sie einen Haken eingeschnitzt, der den Speer hielt, bis sie ihn schleuderte; dazu ein Loch mit einem Riemen, den sie über ihr Handgelenk zog – der Gipfel der Raffinesse, damit sie das Gerät beim Schleudern nicht verlor. Ihre Würfe wurden immer genauer und ihre Reichweite sehr viel größer als bei ihren ersten Versuchen mit dem Holzprototypen ihrer Schwester.

Wilma hatte recht: Ein Geheimnis zu haben machte sie stärker.

Bei den ersten Schneefällen, als es kalt zu werden begann, ging es am Feuer um die Wildvorräte. Sie erwiesen sich als zu gering, um die zwei Familien den ganzen Winter zu ernähren, und erste Panik machte sich breit. Die Rentierherden, die hätten durchs Tal ziehen müssen, hatten für ihre Wanderung wohl einen anderen Weg gewählt, denn man hatte sie zum erwarteten Zeitpunkt nicht eintreffen sehen, und die Anwesenheit etlicher ausgehungerter Löwen machte die Jagd auf Pferde und Auerochsen äußerst gefährlich und schwierig.

So waren die Männer gezwungen, für immer längere Zeiträume auszuziehen und das Wild über große Entfernungen zu tragen. Die Hütte wurde daraufhin zum alleinigen Reich der Frauen, aber wie Oli feststellte, machten sie sie nicht etwa zu einem Hort des Widerstandsgeists, sondern sprachen ausschließlich darüber, was sein würde, wenn die Männer wiederkämen. Infolgedessen floh sie den Ort, verbrachte die hellste Tageszeit im Freien, selbst wenn es in Strömen goss, zog den ganzen Tag umher, suchte in Unannehmlichkeiten und körperlicher Erschöpfung diesen allumfassenden Ekel zu betäuben, der sie vergiftete.

Ihre täglichen Ausflüge führten sie meist am Fluss entlang, wo die besten Aussichten bestanden, Steine für ihre Sammlung zu finden.

Sie hatte sich dabei bisher nie weiter als drei Tagesmärsche von der Hütte entfernt, was dem Ende des Tals entsprach. Dieses bekannte Gebiet nannte ihre Familie vage »hier bei uns«. Jenseits davon begann der Rest der Welt; »dortzulande«, wohin man mit einer Geste zeigte, die den Unterlauf des Flusses einschloss, wo nur Ältester Onkel und Issa je gewesen waren, als Jugendliche.

Der Erzählung zufolge waren sie einen halben Mondzyklus lang gelaufen, bis sie von einem riesigen See aufgehalten wurden, der sich erstreckte, so weit das Auge reichte. Dort stiegen sie in etwas, das einer gigantischen Eierschale glich, und setzten ihre Reise auf dem Wasser treibend fort bis zu einem gewaltigen Wasserfall, der sich in den Himmel stürzte. Weiter vorzudringen war unmöglich, denn sie hatten den Rand der Welt erreicht. Auf ihrer Expedition stellten sie sich zahlreichen gefährlichen Prüfungen, aus denen sie wie durch ein Wunder siegreich hervorgingen, so dass sie am Ende des Sommers gesund und munter zurückkehrten, während alle sie für tot gehalten hatten.

Den Bericht über ihre Heldentaten durfte sich die Sippe an langen Wintertagen regelmäßig anhören, wenn es draußen fror und alle dagegen ankämpften, sich in den Abgründen der Selbstbeschau zu verlieren. Erreichte die Langeweile ihren Höhepunkt, fand sich immer der eine oder die andere, die mit schleimiger Stimme baten: »Ältester Onkel, erzähl uns doch davon, wie du jung warst und mit Issa zum Rand der Welt gereist bist ...« Und schon ging es wieder los mit diesem Erlebnisbericht, von dem Oli wusste, dass er vor Lügen strotzte, denn beim häufigen Hören war ihr aufgefallen, dass der Heldenmut der zwei Männer von Jahr zu Jahr wuchs ... Na klar, warum die Geschichte nicht immer weiter ausschmücken mit tausend neuen, aus der Luft gegriffenen Einzelheiten ... Und bei jeder Pseudo-Wendung die dumme Frage: »Wie bist du nur auf die Idee gekommen, dies zu tun?« »Wie hätte ich mich selbst gefürchtet, das zu wagen.« Bla, bla, bla ... Und ihre Onkel stellten die Handlung mimisch nach, gingen sichtlich gestärkt daraus hervor, fühlten sich in der grenzenlosen Bewunderung wieder jung.

Seufzend blickte sie in die Richtung, wo das Tal endete, dann schritt sie weiter voran, stocherte gelegentlich mit der

Fußspitze im Boden, um einen Kiesel freizulegen. Irgendwann, sie saß gerade in der Hocke, hörte sie kaum zwanzig Meter entfernt am anderen Flussufer tiefes Atmen. Sie hob unmerklich den Kopf und erspähte windabgewandt einen Riesenhirsch, der in aller Ruhe trank, dabei aufmerksam beobachtete, was sich hinter ihm tat, und versäumte, nach vorne zu schauen.

In der Anwesenheit dieses gigantischen Hirschs erkannte sie die unverhoffte Chance, sich auszuzeichnen, indem sie der Sippe überraschend Wildvorräte für den gesamten Winter bescherte, und zugleich eine Gelegenheit, den Jägern mit ihrem verfluchten Unter-sich-Bleiben, ihren an den Haaren herbeigezogenen Verboten und ihrer Arroganz das Maul zu stopfen.

Deshalb beschloss sie, die Sache allein anzugehen.

Sie legte ihren Speer auf ihre neue Schleuder, und sobald das Tier den Kopf wegdrehte, richtete sie sich ganz langsam auf, zielte auf seinen Rumpf und warf. Sie traf beim ersten Versuch. Den Speer bis zum Schaft im Brustkorb, bäumte der Hirsch sich auf, stürmte geradeaus und durchquerte den Fluss. Sie verfolgte ihn, während er am Wasser entlangraste und verzweifelt den Kopf hin und her warf, um sie abzuschütteln, dann strauchelte er und brach mit einem gewaltigen Rums zusammen.

Als er Oli mit seinem wilden Blick fixierte, sein Kopf durch das riesige Geweih in der Luft hängend, ertappte sie sich dabei, wie sie ihn bedauerte, ihn und seine Artgenossen, denn gegen diesen geschleuderten Speer hatten sie nicht die geringste Chance. Wilma hatte vollkommen recht: Wenn die Menschen diese neue Waffe besäßen, die das Töten aus der Distanz erlaubte, würden sie alles Schöne auslöschen, einfach aus Lust, sich mächtig zu fühlen.

Sie beendete sein Leiden, indem sie ihren Speer so tief wie möglich in sein Herz stieß, aber erst als sie vor diesem gewaltigen, durch das gigantische Geweih noch verlängerten leblosen Körper stand, erkannte sie die Widersinnigkeit ihrer Tat. Sie war zwar imstande, so gut wie jede Beute allein zu erlegen, ohne sich in Gefahr zu bringen, aber nicht einen Moment hatte sie darüber nachgedacht, wie sie ihre Jagdausbeute ohne Hilfe nach Hause bringen sollte.

Da das kurze Gras der Steppe klatschnass war, verlor sie kostbare Zeit damit, ein Feuer zu machen, um Fressfeinde fernzuhalten. Als sie endlich eine Glut zustande brachte, entwickelte sich so viel Rauch, dass es eine Qual war, daneben zu arbeiten. Mit halb geschlossenen Augen und möglichst lang angehaltenem Atem ging der Rest des Nachmittags dafür drauf, mit Wilmas Faustkeil eine Hinterkeule des Riesenhirschs abzutrennen und ihn auszuweiden; seine Gedärme wollte sie als Geschirr benutzen, um die Keule zum Lager zu schleppen. In der Abenddämmerung war sie noch mitten bei der Arbeit, als ein vom Blutgeruch angelocktes Rudel Wölfe um den Kadaver herumzustreichen begann und ihre glorreiche Jagd in eine Katastrophe zu verwandeln drohte. Überstürzt musste sie aus einem ihrer Stiefel eine Fackel herstellen. Sie füllte ihn mit dem Tierfett und zündete ihn an, um die Aasfresser in Schach zu halten, hatte so aber nur noch eine Hand frei. Die Tiere spürten ihre aufsteigende Panik, wurden immer dreister angesichts ihrer läppischen Bemühungen, sie fernzuhalten. Gierige Mäuler schnappten ins Leere, sie kamen dem blutüberströmten Kadaver gefährlich nahe. Die Klugheit hätte es geboten, ihnen das Tier zu überlassen, aber der Gedanke, mit leeren Händen zurückzukehren, so dass die Sippe nichts von ihrer Heldentat mitbekam, war ihr unerträglich. Also bot sie ihnen die Stirn bis zum Ende.

Mit letzter Kraft gelang es ihr, die Keule zu lösen und an ihrem Oberkörper anzuschirren. Auf wackligen Beinen und unter Schwenken ihrer fast erloschenen Fackel ging sie rückwärts, die Raubtiere fest im Blick, die sich auf den Rest des Kadavers stürzten und zu sehr damit beschäftigt waren, einander zu bekämpfen, um ihr nachzusetzen.

Humpelnd lief sie in tiefschwarzer Nacht zur Hütte der Familie zurück, ihr einziger Anhaltspunkt der winzige Lichtpunkt des Feuers. Ihr Hemd war durchnässt, sie fror, stolperte unentwegt, und ihr Körper, der nach Exkrementen und getrocknetem Blut stank, war vor Schmerz krumm und lahm von der Plackerei, die riesige Keule hinter sich herzuschleifen.

Als sie im Lager ankam, schliefen alle außer ihrer Mutter, die Feuerdienst hatte. Sie sah sie kommen, nahm auch das gigantische Stück Fleisch zur Kenntnis, sagte aber nichts. Oli hatte sogar den Eindruck, dass sie erschrocken darüber war.

»Na, was ist?«

»Was willst du von mir hören?«

»Dass du mir schmeichelst, weil ich ohne jede Hilfe diesen Riesenhirsch erlegt habe. Dass du dich freust beim Anblick dieser Keule, die ich euch mitgebracht habe und die uns vorm Verhungern bewahren wird. Dass du stolz auf mich bist. Dass du mir dankst …«

Schweigen.

Ihre Mutter suchte nach Worten, die ihre Tochter nicht reizen und einen Wutanfall auslösen würden, wie es seit Wilmas Tod allzu oft passierte.

»Ich mache mir Sorgen, darum sage ich nichts. Wie sollen sich die Männer noch als Jäger bewundert fühlen, wenn ich dich bewundere? Dass du dieses gewaltige Tier niedergestreckt hast, zeigt, dass du wie sie die Macht hast, zu töten und uns zu ernähren, aber indem du so handelst, raubst du ihnen ihre Männlichkeit. Dadurch gefährdest du die ganze Sippe, weil sie womöglich mit leeren Händen zurückkommen. Du bist eine Anomalie, Oli. Du weißt nichts davon, aber Wilma hat dir diesen Namen gegeben, als du ein Neugeborenes warst, weil der damalige Älteste Onkel bei deinem Anblick jedes Mal dieses Wort sagte: *Anomalie*. Er sagte, nur Tiere hätten Mehrlingswürfe; schon deine bloße Existenz störe die Ordnung der Welt, und dich zu behalten, würde sie zwangsläufig irgendwann ins Chaos stürzen.«

»Und warum soll ich diejenige sein, die überzählig ist? Wenn wir, als wir klein waren, geweint haben, weil uns etwas wehtat, sagtest du zu mir: ›Das ist nichts, da kommt nur die Bosheit raus‹, während du Daïno bedauert und umsorgt hast. Er war immer der Liebling, dabei ist er nur ein Trampel, der kaum zwei Wörter aneinanderreihen kann.«

»Ganz genau!«

»Was, ganz genau?«

»Man beschützt immer das schwächste seiner Kinder. Als du ihn mit beiden Füßen aus meinem Bauch getreten hast, war er so schwach, dass er nicht mal die Kraft hatte zu weinen. Du wurdest direkt danach geboren, riesig und kräftig wie nur was. Du hattest ständig Hunger und hast Tag und Nacht nach immer mehr geschrien. Hätte meine Schwester mir nicht geholfen, dich zu stillen, hättest du ihm keinen einzigen Tropfen Milch abgegeben. Es ist ganz einfach: Du hast ihm absolut alles weggenommen!«

Oli bekam keinen Wutanfall. Ihr fiel keine Erwiderung ein angesichts einer solchen ... Sie wusste es nicht ... Ungerechtigkeit? Dämlichkeit? Alle Worte versagten. Sie warf die Riesenhirschkeule ab und ging schlafen, ohne noch etwas zu erwidern.

Noch weit konfliktreicher gestaltete sich ein paar Tage später die Rückkehr der Männer, die eine Reihe von Enttäuschungen hinter sich hatten – eine der schlimmsten Jagdpartien ihres Lebens.

Als Ältester Onkel von den Heldentaten seiner Nichte Wind bekam, rief er sie zu sich.

»Mit dem Erlegen dieses Tiers hast du ein entsetzliches Chaos ausgelöst. Aber weil du mir zeigen wirst, wie du es gemacht hast – mit welcher Magie du das ganz allein geschafft hast –, können wir diesem Fluch begegnen, der uns seit unserem Aufbruch zur Wildsuche trifft, und alles kommt wieder in Ordnung.«

Um seine Nichte zu überzeugen, schlug er diesen süßlichen Tonfall an, auf den er sich so gut verstand, während alle spürten, wie sein ganzes Wesen Zorn verströmte.

»Hast du mich verstanden?«

»Ich hab ihn ganz normal erlegt. Mit meinem Speer. Er war alt. Er hat nicht gemuckt.«

›Wenn sie dich befragen, schaust du geradeaus und versteckst die Wahrheit weit hinter den Augen ...‹ Nur dass aus Olis Mund, unabhängig von ihrem Ton oder Auftreten, die Lügen für ihre Onkel immer so klangen, als wollte sie ihre Autorität herausfordern.

Ältester Onkel packte sie an den Haaren, presste ihren Kopf auf den Boden und hielt ihn dort mit dem Fuß auf ihrem Hals fest. »*Ganz normal* ... Schon deine Wortwahl beweist, dass du mich verscheißern willst. Zum letzten Mal: Womit hast du dieses Tier erlegt?«

»Mit meinem Speer!«, brüllte sie.

Er schnappte sich ihre rechte Hand und hackte ihr in rasender Wut mit seinem Messer den Daumen ab.

»*Was einmal gesehen ist, ist für immer gesehen!*«, zeterte er an die Frauen der Sippe gerichtet. »Das war's jetzt mit Jagen! Ich hätte das schon vor langem tun sollen ... Und ich will keine von euch je wieder auch nur die kleinste Spitze behauen sehen!«

Alle, auch die Männer, schrien entsetzt auf, als Ältester Onkel Olis Daumen abhackte, denn diese Tat verstieß gegen die andere kosmische Regel: die Regel, dass Daumen und Zeigefinger der Frauen heilig sein sollten. Damit brach er das von der Sippe in ihn gesetzte Vertrauen, sie vor dem Chaos zu beschützen, und alle waren schrecklich erschüttert darüber.

»Ein guter Anführer würde niemals eine Hand verstümmeln, die arbeitet!«, rief Olis Mutter empört.

In die Enge getrieben murmelte er eine vage Rechtfertigung, von wegen Oli sei schuld, weil sie sich bewegt hätte, dann rief er die Jäger zum Aufbruch.

Nach diesem Ereignis versank Oli in noch tiefere Depression als nach Wilmas Tod, unterbrochen von beängstigenden Wutausbrüchen und Ungeduldsanfällen, die sie ohne Vorwarnung überfielen. Schließlich schlief sie nicht mal mehr in der Hütte, so sehr hasste sie alle.

Zu Beginn des Winters, ehe der Schnee den Weg unpassierbar machte, ging sie noch einmal zur Höhle der Ahnfrauen, um dort den Abdruck ihrer daumenlosen Rechten anzubringen: die einzige an diesem Ort. Sie setzte ihn in Schwarz genau in die Mitte, damit man nichts wahrnahm außer ihm. Dann wiederholte sie das Ritual, mit der Fettlampe ein Zeichen nach dem anderen abzuleuchten, und ihr Eindruck verstärkte sich: Die Ahnfrauen gaben Antwort auf Fragen, deren Bedeutung sie immer noch nicht ermaß.

Im Zentrum des Freskos, gut sichtbar, der schwarz konturierte Umriss einer rechten Hand mit abgehacktem Daumen. Es ist fast sicher, dass diese Hand der Frau gehört, deren Grabstätte dies ist, denn auch ihr fehlt der Daumen: soweit es sich beurteilen lässt, an der gleichen Stelle abgetrennt.

Wohlgemerkt zählt man in der Höhle von Gargas 231 Schablonen verstümmelter Hände, ohne dass in einem einzigen Fall der Daumen fehlt.

Warum?

Die Antwort auf diese Frage findet sich vielleicht in den Schriften von Paola Tabet, der bedeutendsten Theoretikerin der feministischen Anthropologie:

> Bei den Dani der Provinz Papua opfern die kleinen Mädchen ihre Finger, im Schnitt vier bis sechs, ohne dass je Daumen oder Zeigefinger entfernt werden; dieser Vorbehalt verhindert, dass die geschlechtliche Arbeitsteilung gefährdet wird. Die Frauen beklagen sich nur sehr selten über ihre Verstümmelung, können sie die ihnen von der Gruppe zugewiesenen Aufgaben doch weiterhin ausführen, zum Beispiel Fasern zwischen den Stümpfen rollen, um Garn herzustellen, sich um die Kinder kümmern, Tiere aufziehen, schwere Lasten tragen oder mit Hilfe eines einfachen Stabs Wurzeln ausgraben. Tätigkeiten, die zehn Finger erfordern wie die Bogenjagd, die Handhabung einer Axt und vor

allem die Fertigung von Waffen und Werkzeugen aus hartem Material wie Knochen, Stein, Muscheln oder Holz, sind ausschließlich den Männern vorbehalten. Die Arbeit und das Leben dieser Frauen sind äußerst beschwerlich, allerdings unterscheidet sich die Aufgabenteilung bei den Dani nicht von dem, was bei anderen Jäger-Sammler-Populationen beobachtet worden ist.

Hier wirft Tabet die Frage auf: Sind nicht, bildlich gesprochen, allen Frauen die Finger gestutzt worden?

Bis auf sehr seltene Ausnahmen dürfen bei sämtlichen von der Ethnologie im 20. Jahrhundert erforschten Stämmen die Frauen keine Waffen oder Arbeitsgeräte herstellen, nicht einmal die, welche sie selbst bei der Arbeit benutzen. So sind sie vollkommen abhängig von den Männern, die die Verfügungsgewalt über die Rohstoffe besitzen. Genau hierin liegt die Basis für männliche Herrschaft. Ohne diese strukturelle Schwächung und die Zwangsmittel Gewalt und Verstümmelung hätten die Männer eine so totale Aneignung der Frauen niemals erreichen können, eine solche Vernutzung ihrer Arbeit und ihrer Körper.

Nun ja, einige werden sagen, paläolithische Gesellschaften mit indigenen Völkern zu vergleichen sei eine gewagte Methodik, die leicht zu irrigen narrativen Konstrukten führt ...
Mag sein. Oder auch nicht.

Ich für mein Teil denke, alles das wollte diese Frau aus dem Aurignacien uns erzählen, als sie den Abdruck ihrer daumenlosen rechten Hand ins Zentrum dieses Freskos von Schmerz und Ohnmacht setzte. Sie wollte ihn inmitten all der anderen durch die Zeit reisen lassen: »Seht her, was sie mir angetan haben«; »Seht, was sie uns allen angetan haben!«

Die erste politische Forderung in der Geschichte der Menschheit ist – feministisch!

Dann war der Winter da.

Alle in dieselbe Hütte gepfercht, um die Wärme zu bewahren, widmeten sich die Frauen ausschließlich der Aufgabe, die Kleinsten bei Laune zu halten, damit sie der Gemeinschaft das Leben weniger zur Hölle machten; derweil verbrachten die Größeren ihre Tage damit, traditionsgemäß die Perlen aus Mammutelfenbein zu schnitzen, die das Hemd von Ältestem Onkel zieren würden, wenn sein letzter Tag gekommen wäre. Alle nahmen sich vor ihm in Acht, denn sie wussten, wie gering in dieser Beengtheit seine Toleranz gegenüber Geschrei und Unruhe war. Zum Glück brach er, sobald das Wetter es zuließ, mit den anderen Jägern auf, um in nächster Nähe Wild aufzuspüren. Da ihre neue Schleuder aus Rentierknochen und ihre Speere unter dem Schnee verborgen lagen, konnte Oli in dieser Aufgabenteilung nichts anderes tun, als drinnen herumzulungern und zum Schicksal zu beten, dass ein unverhofftes Ereignis ein bisschen Leben in die Bude bringen möge: ein allgemeines Zerwürfnis, der Einsturz des Felsunterschlupfs, das Ende der Welt … Irgendwas, das diesen zähen Fluss der Zeit unterbrach.

… Und ein fünf Tage andauernder schrecklicher Schneesturm ging über dem Tal nieder. Erin und Idra erlitten vor Entkräftung Fehlgeburten. Nur die fettere Rava hielt noch durch.

Die Windböen hinderten die Männer, nach draußen zu

gehen, und übertönten mit ihrem Heulen die Stimmen. Und dann eines Morgens kein Laut mehr. Die lastende Stille von Schnee. Als die Mitglieder der Sippe aus der Hütte lugten, hatte er eine Wand aus glitzerndem Weiß gebildet, der den Eingang des Unterschlupfs versperrte. Dahinter erstreckte sich leere, wattige, endlose Weite, die jedes Relief auslöschte. In der Ferne waren zwar die Umrisse einiger Auerochsen zu erkennen, die sich mit ihrem eisbedeckten Fell aneinanderdrängten, aber die Jäger kamen nicht an sie heran, denn der Schnee war so tief, dass sie bis zur Taille darin versanken. Ihnen blieb nur eine Möglichkeit: an der Felswand entlanggehen und einen Bären im Winterschlaf zum Erlegen finden. Sie verließen den Felsunterschlupf, und die Frauen warteten tagelang todhungrig auf ihre Rückkehr. Um die Mägen der pausenlos weinenden Kinder zu befrieden, weichten sie die Tierhäute ein, die ihnen nicht zum Zudecken dienten. Oli leckte an dem Stein, den Wilma einst für ihre Sammlung gefunden hatte und der einem großen Stück rotem Fleisch zum Verwechseln ähnelte, und stellte sich vor, sie würde wirklich essen.

Als die Männer nach drei Tagen mit dem erlegten Tier zurückkamen, fehlten alle guten Stücke, denn wie üblich hatten sie sich an Ort und Stelle daran gütlich getan, ehe sie ihnen die Reste brachten. Es war gerade genug da für sie und ihre Kinder; ein bisschen Muskelfleisch, aber in der Hauptsache die Organe des Bären, seine Knochen und sein Fett, und sie stürzten sich alle darauf.

Nachdem sich die Stimmung etwas entspannt hatte, fragte Oli Ältesten Onkel: »Warum kriegen wir immer weniger zu essen als ihr, wo es doch umgekehrt sein sollte, da die Schwangeren und Stillenden für zwei essen und die anderen mit ihren Kindern teilen müssen?«

»Ja, genau, warum bekommen wir weniger?«, stimmten Erin, Idra und Arienne ein, die normalerweise nichts infrage stellten, denn sie hielten ihn für einen Helden, weil er sie als Kinder mit ihrem Bruder aufgenommen hatte.

»Weil wir diejenigen sind, die auf die Jagd gehen, um euch zu ernähren, und dafür brauchen wir Kraft«, antwortete er in dem endgültigen Ton, den man gegenüber dummen Kindern anschlägt.

»Geht das schon wieder los«, seufzte Issa.

»Und gleichzeitig verbietet ihr uns das Jagen und jetzt auch das Behauen von Pfeilspitzen, obwohl wir das sehr gut können, vor allem ich, die ich geschickter bin als Daïno.«

»Du hältst den Rand, sonst verhaue ich dich, dass selbst mir der Spaß vergeht«, sagte Ältester Onkel und erhob drohend die Hand.

Sie ließ sich davon nicht aus der Fassung bringen und setzte, die kollektive Unzufriedenheit nutzend, noch eins drauf. »Vielleicht wollt ihr uns alle verrecken sehen, damit ihr in Ruhe dem Wild nachstellen und euch die Bäuche vollschlagen könnt.«

Wider Erwarten bestätigte Issa: »Es stimmt, dass ihr uns nervt mit eurem ständigen Kinderkriegen. Euretwegen können wir hier nicht weg und den Mammuts folgen, und es sind immer mehr Mäuler zu stopfen. Aber vor allem hört es nie auf!«

»Es ist wie in dieser Erzählung vom Anfang der Welt«, mischte Lothar sich ein, »wo die Stämme an einem Seil vom Himmel stiegen, und als man zuletzt die Schwangeren runterließ, riss es, weil sie so schwer waren. Ihretwegen konnte niemand mehr zurück nach oben, und so hängen wir alle in der Kälte fest.«

»Halt die Klappe! Niemand hat dich gefragt«, befahl Rava ihrem Bruder.

»Wo hast du denn diese Geschichte her? Frisch erfunden?«, fragte Oli ironisch.

»Eins lernen wir jedenfalls daraus: Ihr esst nach wie vor zu viel, denn ihr könnt immer noch meckern! Erin und Idra haben ihr Kind verloren, und Rava wird bald nachziehen; da können wir im Frühling endlich los!«, hakte Issa das Thema ab.

Rava stieß einen animalischen Schrei aus und stürzte sich auf ihn. Er wich aus und schleuderte sie mit einem Fausthieb gegen die anderen, ohne sich im Geringsten um ihre Schwangerschaft zu scheren. Da endlich kam es zu der von Oli ersehnten kollektiven Mobilisierung: Ihre Mutter, die sich normalerweise ängstlich verkroch, sobald der Ton schärfer wurde, kam aus der Reserve und putzte die Männer herunter.

»Ist es nicht so schon schwer genug? Ständig hungern und frieren wir. Wir werden von Höhlenlöwen, Bären und Wölfen angegriffen. Wir bringen euch unter entsetzlichen Schmerzen zur Welt. Und auf all diese Übel häuft ihr obendrein noch Schläge, Verbote und Entbehrungen. Warum? Warum wollt ihr unser Leid immer weiter vergrößern? Was haben wir euch getan? Nehmt ihr uns übel, dass ihr nicht auf uns verzichten könnt, um euch zu gebären? Euch zu beschützen und zu ernähren, wenn ihr klein seid? Dass ihr uns braucht, um uns all die lästigen Pflichten aufzuhalsen und euch den Arsch hinzuhalten, damit ihr euch entspannen könnt?«

»Für das alles bekommt ihr Fleisch!«, erwiderte Ältester Onkel eisig.

Wie von einem himmlischen Licht berührt, stellte sich Oli in die Mitte der Hütte. »Jetzt kapier ich, warum ihr uns das Jagen verbietet. Uns sogar daran hindert, es zu lernen. So könnt ihr euch wichtigmachen, indem ihr uns erklärt, wie wertlos wir sind, und euch gleichzeitig als unsere Retter aufspielt. Ihr könnt uns vorlügen, dass ihr uns zu unserem eigenen Besten bestraft. Aber in Wahrheit – in Wahrheit sterbt ihr vor Angst, wir könnten dahinterkommen, wie vollkommen nutzlos ihr seid!«

Sie maß die Männer mit einem herausfordernden Blick und führte ihren dicken roten weißgeäderten Kiesel zum Mund.

Kaum sah ihr Bruder Daïno das superappetitliche Stück Fleisch, riss er es ihr aus der Hand und biss mit aller Kraft hinein. Als er sich an dem Stein die Schneidezähne ausbrach, heulte er vor Schmerz so laut auf, dass gar niemand auf die Idee kam, sie für das, was sie gesagt oder getan hatte, zu züchtigen.

»Wer mich je wieder anrührt, wird wie er großes Unglück erleiden«, prophezeite sie feierlich und zeigte mit dem Finger zum Himmel und seinen hypothetischen göttlichen Blitzen. Dann setzte sie sich ruhig wieder hin.

Undurchdringliches Schweigen senkte sich über die Versammlung, sogar Ravas Schluchzer verstummten.

»Du bist das personifizierte Chaos«, rief Issa entsetzt aus.

»Du hast mir mit deiner Magie die Zähne abgebrochen!«, wimmerte Daïno, den Mund voller Blut.

»Man hätte dich bei der Geburt töten sollen, aber in dieser Sippe hört ja niemand auf die, die Bescheid wissen«, resümierte Ältester Onkel leise.

Nach diesem Ereignis passierte nichts Nennenswertes mehr.

Alle mieden Oli, so gut es ging, dann kam der Frühling, die Jagd wurde wieder aufgenommen, und eines schönen Morgens gebar Rava, die ihre Schwangerschaft mit Mühe und Not zu Ende ausgetragen hatte, im Kreis der anderen Frauen.

Hockend presste sie mit aller Kraft, und das Kind kam problemlos heraus. Als seine Mutter es in die Arme nahm und die anderen sich um sie scharten, um es zu betrachten und ihr zu gratulieren, wie es Brauch war, gab es allgemeine Verblüffung: Das Neugeborene hatte helle Haut, beinahe weiß, und einen länglichen Schädel mit der unverwechselbaren Form eines liegenden Eis.

»Der ist aber merkwürdig!«, meinte Arienne.

»Wieso, was ist mit ihm?«, sagte Rava verteidigend.

»Seine Farbe. Die ist seltsam, oder?«

»Es liegt daran, dass letzte Nacht Vollmond war, deshalb ist er so«, rechtfertigte sie sich.

»Es war doch nicht der Vollmond, der ihm diesen komischen Kopf gegeben hat! Guckt mal … Sein Kiefer und seine Nase, das sieht aus wie der Ansatz einer Schnauze.«

»Ihr seid alle neidisch, mein Kind ist sehr hübsch!«

»Wisst ihr, woran er mich erinnert?«, sagte Idra zu ihren Schwestern.

»An die Köpfe der Fremden, die wir im letzten Sommer gesehen haben«, antwortete Erin prompt.

»Ganz genau: Er sieht aus wie die Kinder, die wir drüben gesehen haben, nur mit dunklerer Haut, als hätte man ihre Farbe mit unserer vermischt«, ergänzte Arienne.

»Das stimmt doch gar nicht!«, entrüstete sich Rava.

Ihre Mutter, die noch nichts gesagt hatte und das Neugeborene von allen Seiten beäugte, rief plötzlich aus: »Du bist die Einzige, die sich im Sommer mit einem von ihnen vergnügt hat. Da, das ist die Erklärung! Es ist das Geschlecht der Männer, das die Kinder bringt – das Geschlecht! Der Fremde hat mit seinem Geschlecht seine weiße Flüssigkeit in dein Loch gegossen, und dein Bauch hat das hier geschaffen: ein Kind mit gemischten Farben! Alle Kleinen, die wir hier haben, wurden so gemacht. Sie sind nicht einfach ein Erzeugnis unseres Körpers ... Sie haben auch nicht nur darum das Gesicht von dem, mit dessen Geschlecht wir am häufigsten gespielt haben, weil wir Spaß dabei hatten ... Ihre Ähnlichkeit kommt von der Lebensflüssigkeit, die Männer aus ihrem Körper ausstoßen und da hineinschleudern, wo neun Mondzyklen später ein Kind herauskommt.«

Dann zeigte sie auf die Kinder, die ein Stück entfernt umherrannten.

»Das sind alles ihre Söhne und Töchter!«

Diese Offenbarung ließ die Frauen nachdenklich werden, auch Rava.

»Was du sagst, ergibt Sinn«, gestand Idra ihr zu.

Oli jubelte: »Aber klar! Ja! Das ist es! Deshalb war ich nie schwanger, obwohl ich älter bin als die meisten von euch. Weil ich nie mit einem Mann zusammen war! Das ist die Wahrheit! Ihr habt immer behauptet, mein Bauch sei leer und ich sei keine echte Frau, aber wie üblich redet ihr Quatsch!«

»Trotzdem: Eine Frau, die die Jagd liebt, ist beinahe ein Mann«, hielt Arienne dagegen.

»*Beinahe ein Mann* ... Sucht man sich etwa aus, was man liebt? Ich liebe das Jagen, das ist alles, es ist einfach so!«

»Eben!«, beharrte Erin.

»Innen drin bist du ein Mann«, trumpfte Idra auf.

Oli schnaubte. »Wenn man bedenkt, dass sie euch eure Schwangerschaften zum Vorwurf machen, die sie angeblich daran hindern, dem Großwild nachzustellen! Dabei werdet ihr dauernd schwanger, weil ihr ihnen euren Arsch hinhaltet ... Wie blöd könnt ihr eigentlich sein!«

Rava saß im Schneidersitz auf dem Boden und schwieg. Ihr Blick wanderte zwischen dem Neugeborenen, das sie jetzt wie ein sperriges Paket hielt, und ihren zwei anderen Kindern hin und her: zwei lebende Abbilder des Spinners, einmal als Junge, einmal als Mädchen. Ihre Mutter hatte recht: Er war für diese Ähnlichkeit unmittelbar verantwortlich. Dieser Urheber mochte noch so ein guter Liebhaber sein, alle hielten ihn einhellig für einen Nichtsnutz, auch ihre eigene Familie, und sie schämte sich jetzt, seinen Nachwuchs ausgetragen zu haben. Ihr kleiner Jüngster mit seiner Schlammfarbe brachte das Fass zum Überlaufen. Sie gab einen Schrei von sich, ließ ihr Neugeborenes los, das auf den Boden rollte, und brach in Tränen aus.

Ihre Mutter hob es auf. »Immerhin ist es ein braves Kind, es hat nicht ein Mal geweint.« Sie legte ihr Ohr an seinen Mund.

»Ich werde ihn auf keinen Fall stillen, und ich will nie wieder darauf angesprochen werden.«

»Ich verstehe dich! Eine solche Monstrosität würde ich auch nicht jeden Tag vor Augen haben wollen«, bestärkte Arienne sie.

»Er ist gar nicht brav, er ist tot! Er atmet nicht.«

»Er hat wohl gemerkt, dass er nicht willkommen ist«, bemerkte Oli gallig. »Dass er überzählig war ... Armer Kleiner!«

»Was erzählst du da schon wieder?«, seufzte ihre Mutter und wickelte die Leiche des Säuglings in die Tierhaut, auf der Rava entbunden hatte.

»Erinnerst du dich denn wenigstens an den Mann, der uns gemacht hat, mich und Daïno?« Doch da entdeckte Oli den Ausdruck eines gehetzten Tiers in den Augen ihrer Mutter und überlegte es sich sofort anders. »Oha ... lieber nicht! Ich will's nicht wissen. Sag's mir nicht! Nein, nein, nein!«

Während sich die Frauen um die weinende Rava kümmerten, sammelte Oli hastig sämtliche Fettlampen ein, die im Lager herumstanden, dann rannte sie zur Höhle der Ahnfrauen, um die ungeheure anthropologische Entdeckung, die ihre Mutter gerade gemacht hatte, mit ihnen zu teilen.

Dass sie, Oli, die immergleiche mechanische Sexualität, die die Mädchen der Sippe praktizierten, seit jeher abgelehnt hatte, hatte ihr unwissentlich Schwangerschaften erspart und damit schreckliche Wehen und an ihren Brüsten hängende Kinder. Wenn eine darauf verzichtete, mit dem Geschlecht der Männer zu spielen, war es ihr folglich möglich, selbst über ihr Leben zu bestimmen. Sich aus dem engen Rahmen der Hütte zu befreien. Die einst von Wilma mit ihrer Vulva-Gravur markierte Grenze – je nach Standpunkt Frauendomäne oder häusliches Gefängnis – zu überschreiten und frei von allen Bindungen auf das weite Territorium vorzudringen, wo die Männer sich tummelten.

 Von Fliegen gequält, der Körper gebeugt unter der erdrückenden Last eines Rentierkadavers, führte Daïno den Tross an. Immer war er es, dem das kräftezehrende Tragen des Wildbrets zufiel, denn die anderen Jäger hatten verfügt, dass er der Stärkste war und kein bisschen zur Unterhaltung beitrug. Er biss die Zähne zusammen, während die anderen ihm palavernd in einigem Abstand folgten. Seine Gedanken schweiften zu Idras weicher Haut. Ihren Brüsten, die er schon vor sich sah, wie er sie in die Hand nahm und zu seinem Mund hob. Bei jedem Schritt dachte er daran. Von der brennenden Begierde bekam er einen Ständer, was ihn von seiner Erschöpfung ablenkte.

Wie üblich, wenn sie die Männer von der Jagd zurückkommen hörten, standen Idra, Erin und Arienne vor der Hütte auf Posten.

Als er die Tierleiche vor ihren Füßen abwarf, spürte der junge Mann sofort, dass etwas ungewohnt war. Unmöglich zu sagen, was ... Ein Mangel an Begeisterung über das Fleisch. Ein Gefühl des Misstrauens. Eine leicht spöttische Miene ...

»Ist es ein Junge oder ein Mädchen?«, fragte er, um das Eis zu brechen.

»Wer?«, sagte Idra.

»Wer wohl? Ravas Kind.«

»Ach. Es ist tot.«

»Dann ist sie bestimmt traurig?«

»Interessiert dich das neuerdings? Es heißt doch, wir machen zu viele Kinder!«

Irgendwas stimmte ganz und gar nicht. Er versuchte einen anderen Ansatz, packte Idra um die Taille und schob die Hand unter ihr Hemd, um ihr Geschlecht zu streicheln und seine Finger hineinzustecken. Normalerweise spürte er, wie ihr Körper erbebte; jetzt fühlte er sich an wie Holz. Schlimmer noch, sie stieß ihn genervt von sich und ging in die Hütte.

Aus der Fassung gebracht wandte er sich an die Kinder, die in einem ihrer hochkomplizierten Spiele steckten. Sie rannten und schlitterten im Matsch, allen voran Clara, seine kleine Schwester, die sich mit ihrer Stellung als Älteste und den stets an den Kopf gebundenen Geweihsprossen als Anführerin aufspielte.

»Was ist mit Ravas Kind?«

»Ist gestorben.«

»Wann?«

»Heute Morgen.«

»Sind sie traurig?«

»Nein.«

»Warum sind sie dann gemein zu mir? Weil meine Zähne abgebrochen sind?«

»Was? Nein, sondern weil sie kapiert haben, dass ihr mit der weißen Flüssigkeit, die aus eurem Schwanz kommt, die Kinder in ihren Bauch tut. Und ihr motzt die ganze Zeit, weil sie schwanger sind, dabei ist es eure Schuld.«

»...«

»Na, der Kopf von Ravas Kind hatte so eine komische Form, und seine Farbe war zu hell, darum haben sie es sterben lassen, weil der Fremde vom anderen Flussufer es in ihrem Bauch hat wachsen lassen. Das habe ich dir gerade erklärt. Kann ich jetzt weiterspielen?«

»Ja ... Nein ... Wo ist das Loch, in das sie es gelegt haben?«

»Da drüben. Die Mutter hat einen dicken Stein draufgetan, damit die Tiere es nicht fressen.«

Daïno grub den kleinen Körper aus, der mit dem Gesicht nach unten im Boden lag, und zog die blutverklebte Tierhaut ab, die ihn umschloss. Es war wie eine Explosion in seinem nebligen Hirn: Das Kind hatte zweifelsfrei den Schädel von einem dieser Fremden. Wie war es in den Bauch seiner Schwester gelangt? Durch Sex, meinte Clara. Das war die einzig verfügbare mechanische Erklärung, wohlwissend, dass nur Rava mit einem von ihnen kopuliert hatte.

Seine Gedanken wandten sich sofort den Tieren zu: War ihnen bewusst, dass sie ihren Nachwuchs zeugten, indem sie einander bestiegen? Als in der Ferne Rentiere vorüberzogen und einander den Hintern beschnupperten, dachte er, dass ihnen die Frage wohl ziemlich egal war. Er dagegen betrachtete die Gruppe schreiender und schlitternder Kinder mit neuen Augen.

Er fragte sich: ›Ein paar davon sind also meine? Aber welche? Und was, wenn keins davon, oder noch schlimmer, wenn es nur Mädchen sind?‹ Diese Fragen erdrückten ihn.

Gipfeltreffen der Männer der Familie. Der Spinner war natürlich ausgeschlossen; seine Nachkommenschaft, sofern er nicht mit seinen Schwestern kopuliert hatte, was er nie getan zu haben schwor, stand nicht in Frage.

Ähnlichkeiten zwischen den Männern der Sippe und den übrigen sieben Kindern bestanden durchaus, aber nicht so weit, dass man genau sagen konnte, wer wessen Kind war. Es gab da Idras kleinen Sohn, der Daïno wie aus dem Gesicht geschnitten war, aber da Daïno selbst Lothar ähnlich sah, dessen Bruder er war, ebenso wie Ältestem Onkel, und da Idra sich obendrein mit allen Männern der Familie vergnügt hatte, musste das nicht viel heißen.

Und die Mädchen, zu wem gehörten die?

Lothar äußerte eine Idee, der zufolge das Sperma des Mannes in der Frau *fest wurde* oder *nicht fest wurde*. Im Fall des Fremden sei es *fest geworden*, deshalb habe er einen Jungen gezeugt. Letztere gehörten folglich den Männern und die Mädchen den Frauen.

Issa wandte ein, Ravas Tochter sei eine vollständige Kopie des Spinners in weiblich, und wie wäre eine solche Ähnlichkeit möglich, wenn die Ejakulation des Mannes bei Mädchen nicht ursächlich beteiligt war? Man musste den Tatsachen ins Auge blicken: Es war komplizierter, als es aussah!

So gab jeder seine eigene Hypothese zum Besten.

Ob ein Kind männlich wurde, hing von der Kraft des Mannes ab ... Ja, nur dass der Spinner es noch nie geschafft hatte, auch nur ein Kaninchen zu erlegen, während seine zwei Söhne verdammt gewitzt waren ... Dann vielleicht von seiner Fähigkeit, die Frauen zu befriedigen? Warum nicht. Und wenn es nicht die Güte, sondern die Menge der Spermien bei der Ejakulation war, die über das Geschlecht des Kindes entschied? Ein großer Abgang würde die Zeugung eines Jungen ermöglichen, was eine mehr oder weniger lange Zeit der Enthaltsamkeit voraussetzte, wollte man sich Nachwuchs sichern. Und wenn es umgekehrt war? Wenn der große Abgang Mädchen hervorbrachte? Wie auch immer, es bedurfte sorgfältiger Untersuchung. Aber wenn es nun einfach Zufall war?

»Also das sicher nicht! Jedes Ereignis hat eine natürliche oder kosmische Ursache. Nur weil man es nicht weiß, darf man nicht solchen Quatsch erzählen«, brummte Ältester Onkel in seiner Ecke.

Daïno verfolgte die Debatte aufmerksam und bewegte dabei leicht die Lippen; seine Art, nicht den Faden zu verlieren.

Ältester Onkel saß auf einem Stein und hatte den Kopf in den Händen vergraben. Seit Beginn der Diskussion hatte er nur noch ein Wort im Kopf: *Chaos*, denn er ahnte die Zwistigkeiten voraus, die nicht ausbleiben würden, sollte der Sex der Sippe so unordentlich bleiben.

»Was ich weiß, ist, dass dieses Kuddelmuddel unbedingt aufhören muss! Wenn wir so weitermachen, machen wir es am Ende wie die Tiere und kämpfen um die Weibchen.«

»Bei den Rentieren fordern die jungen Männchen in der Brunftzeit das älteste Männchen heraus, um sich die ganze Herde anzueignen und nicht nur ein spezielles Weibchen«, hielt sein Neffe Lothar dagegen, was Daïno zum Kichern brachte.

»Würde es dir Spaß machen, wenn wir uns darum prügeln,

wer wen bumst? Soll ich dir sofort eine runterhauen, um das zu klären? Wir müssen die Mädchen zwingend untereinander aufteilen und uns auf eine einzelne Gefährtin beschränken, sonst werden wir der Sache nicht Herr«, dröhnte Ältester Onkel.

»Ich nehme Idra!«, rief Daïno spontan.

»Und ich Arienne«, sagte Lothar.

»Das entscheidet der Älteste«, verfügte Issa.

Lothar setzte sich für seinen Bruder ein. »Da er der Jüngste ist und es nur drei Frauen für vier Männer gibt, kriegt er also keine, nicht mal Erin, dabei ist die alt und hässlich und hat schon reichlich Kinder!«

»Ich will Idraaaa!«, heulte Daïno.

»Alle wollen Idra!«, unterbrach ihn Issa.

»Wenn wir nicht lernen, mit der Beschränkung zu leben, werden wir ins Chaos abrutschen«, sagte Ältester Onkel erneut, aber niemand hörte ihm zu.

»Gut, wer will Arienne?«, fragte Lothar. »Keiner? Dann Ende der Geschichte, ich nehme Arienne!«

»Idraaaaaa!«

»He, du Hirni, hör auf zu krakeelen!«, befahl Issa in verschärftem Ton.

»Ich bin kein Hirni!«

»Es geht schon los!«, sagte Ältester Onkel erbittert.

»Und wenn wir die Mädchen fragen?«, wagte sich Lothar vor. »Ich habe viel darüber nachgedacht, und ich meine, da wir intelligenter sind als sie, müssen wir uns auf ihr Niveau begeben, um ein Gespräch zu ermöglichen. Bei dieser Geschichte, wer sich mit wem vergnügt, könnten wir sie also fragen, wem sie den Vorzug geben würden …«

Ältester Onkel wies mit anklagendem Finger auf seinen Neffen. »Siehst du, *damit* fängt das Chaos an! Frauen sind wie Kinder, unfähig zu einer eigenen Meinung. Es ist gut, dass wir für sie entscheiden müssen!«

Lothar ließ nicht locker. »Wir könnten sie einfach so befragen, nur um zu schauen ...«

»Ja, genau, wir müssen nur die Mädchen fragen, mit welchem Geschlecht sie Lust haben zu spielen«, bekräftigte Daïno. »Ich weiß, dass Idra sich meinen aussucht, weil er der größte ist.«

»Habt ihr nichts kapiert, oder was?«, geiferte Ältester Onkel. »Ab jetzt geht es nicht mehr ums Vergnügen. Unser Same ist mit einer viel zu großen Macht ausgestattet, um ihn einfach so zu verschwenden.«

»Das kann ja spaßig werden«, murmelte Lothar.

»Gut, wo wir unsere Zeit jetzt damit vergeudet haben, unnütze Fragen zu erörtern – kann jemand mir sagen, wo Oli abgeblieben ist?«

»Sie ist weggegangen«, antwortete Daïno.

»Wie, weggegangen?«

»Zu den Ahnfrauen.«

»Wer hat dir das gesagt?«

»Clara.«

»Aber wann denn?«

»Als sie uns hat kommen hören.«

»Komm mit, zwei sind keiner zu viel, um sie zurückzuholen.«

»Wo gehen wir hin?«

Ältester Onkel deutete auf die Felswand auf der anderen Flussseite. »Ihre Höhle ist irgendwo da drüben.«

»Lassen wir sie doch! Sie hat mir die Zähne abgebrochen und sie ist fies zu allen.«

»Willst du's alleine machen?«

»Ich will meine Schwester nicht vögeln; ich will Idra!«

»Wer spricht denn davon, du Trottel!«

Widerwillig folgte Daïno ihm Richtung Fluss, aber im Gehen schlich sich Idras Bild in seinen Kopf.

Idra mit ihrer Mischung aus Unschuld und Wollust, Scharfsinn und Einfalt ... Idra stöhnend unter Issas Liebkosungen ... Idra und Issa in obszönen Verrenkungen ... Idra mit lustvoll verdrehten Augen, wie sie in Issas Armen dahinschmolz. Vergeblich schloss er die Augen, um die Bilder zu verdrängen, sie kehrten umso stärker und deutlicher zurück, je weiter er sich vom Unterschlupf entfernte.

Diese Paarungen, die er tausend Mal miterlebt und an denen er oft beteiligt gewesen war, erschienen ihm jetzt hassenswert. Allein der Gedanke war ihm unerträglich geworden. Ein Schmerz im Bauch, als würde eine unsichtbare Hand in seinen Eingeweiden wühlen, zwang ihn, am Flussufer stehen zu bleiben. Er konnte sich kaum auf den Beinen halten; noch nie hatte ihm etwas so wehgetan.

»Komm schon, was ist los mit dir?«, schrie Ältester Onkel von der Mitte der Furt aus. Aber sein Neffe war zu weit weg, um ihn zu hören. Als er ihn kehrtmachen und in Richtung der Hütten davonlaufen sah, beschloss er, dennoch seinen Weg durchs Wasser zum anderen Ufer fortzusetzen.

Daïno rannte.

Der Gedanke, dass sein Onkel Issa ihm Idras Körper streitig machte, zermalmte ihm das Hirn, zerquetschte ihm die Brust, versengte ihm die Adern. Seit er die Bedrohung erkannt hatte, verschwand diese körperliche Qual nicht mehr. Er fühlte sich wie das Rentier, auf das sich der Löwe stürzt: Egal wie sehr es sich wehrte, sich krümmte, um seinen Fängen zu entkommen, die Raubkatze hatte es gepackt und ließ es nicht mehr los.

Als er zum Unterschlupf kam, war alles ruhig. Die Frauen verarbeiteten schwatzend das von ihm angeschleppte Fleisch, während aus dem Innern der Hütte Stöhnen drang: Idra und Issa, die einander Lust bereiteten.

Da erreichte sein Schmerz den Höhepunkt.

Er stürmte hinein und warf sich auf seinen Onkel, stach mit seiner Feuersteinklinge aus Leibeskräften auf ihn ein, bis er leblos auf dem Körper seiner Gespielin zusammensackte, die vor Entsetzen schrie. Dann zerrte er die verängstigte Idra am Arm unter der Leiche hervor und setzte sie herrisch neben sich in eine Ecke, wo er sie umklammerte und nicht mehr losließ.

So, jetzt gehörte sie nur noch ihm. Es tat nicht mehr weh. Sein wütender Schmerz war ozeanischem Frieden gewichen.

Weil in menschlichen Dingen alles eine Frage der Wörter war, hatte Ältester Onkel ein neues erfunden: *Vater.*

Der Vater war es, der durch Ejakulieren den Funken, der das Leben entflammte, ins Innere der Frau trug. Den Sohn. Jenen, der seine Speere, seine Feuersteine und seinen Namen tragen würde. Der ihn als Person fortsetzte und ihm damit ermöglichte, den Tod zu überwinden, vor dem er sich so fürchtete. Der für sein Weiterbestehen sorgen würde.

Ein Gefühl von Erleichterung und Superkraft versetzte ihn in äußerst heitere Stimmung, als stünde er endlich im Einklang mit dem Universum. Die Natur hatte die Rentiere erschaffen, damit sie den Menschen Nahrung gaben sowie Licht aus ihrem Fett, Kleidung aus ihrer Haut, genäht mit aus ihren Knochen geschnitzten Nadeln und aus ihren Därmen gemachtem Faden. Entsprechend hatte die Natur die Frauen gestaltet: lauter Behälter, um die Söhne der Menschen aufzunehmen, bis sie herangereift waren; dann hatte sie ihren Körpern die Fähigkeit gegeben, Nahrung für diese Söhne zu produzieren, und ihrem Geist die Hingabe und Geduld, sie aufzuziehen, bis sie zu Jägern wurden. Dass sie schwächer waren und weniger schnell liefen, erlaubte es den Männern, ihren Unwillen, sich decken zu lassen, zu überwinden, wenn ein Fleischzuschlag sie nicht überzeugen konnte. Man musste sich nur anschauen, wie sie gemacht waren: Sie besaßen kein Geschlecht wie die Männer, sie *waren* ein

Geschlecht. Ein Körper mit einem Loch. Alles war Zeichen. Gleichgewicht der Gegensätze. Die kosmische Ordnung war etwas sehr Fließendes und Beruhigendes – sofern man es verstand, bei der Verteilung der Frauen unter den Jägern strenge Regeln anzuwenden und damit Streit und unsichere Abstammungen zu verhindern. Alles war ganz einfach.

Alles, außer Oli.

Das widernatürliche Fehlen von Sexlust und Kinderwunsch, gepaart mit ihrer systematischen Weigerung, bei den anderen im Umkreis der Hütte zu bleiben, zerstörte die Harmonie und die Schönheit, die in der Ergänzung der Geschlechter lag. Indem sie ihren Gattungsstatus als Frau verweigerte und stattdessen arrogant den Status als Individuum für sich einforderte, war sie schädlich für die Gruppe, ja sogar umstürzlerisch. Trotz der Verstümmelungen, die er ihr zugefügt hatte, fand er sich noch zu lax, wie ihm jetzt klar wurde. Mit dem Ergebnis, dass diese kleine Schlampe seine Autorität mit Füßen trat und sich wer weiß wo herumtrieb. Es war höchste Zeit, diesem Chaos ein Ende zu setzen; diese Rebellion zu zertreten, wie man ein Feuer austrat. Er würde sie ficken und ficken, bis sie dick wurde ... Und sollte sie es unseligerweise wagen, ihm ein Mädchen zu machen, würde er wieder von vorne anfangen. Und wenn er sie prügeln musste, würde er sie prügeln, bis es klappte; das Universum verlangte es so.

Als er die Felswand erklomm, sein Geist brodelnd vor neuen Ideen, erblickte er seine Nichte, wie sie über ihm aufragte.

»Komm sofort da runter, sonst verpass ich dir eine, die du nicht vergisst!«

»Die Ahnfrauen haben mir gerade alles erklärt: Ich gehe nie wieder in die Hütte zurück.«

»Gut, du hast es so gewollt!«

Und er setzte seinen Weg fort, bis er den Felsensims erreichte, wo vierzig Meter entfernt der Höhleneingang lag.

»Du kommst dir ganz schön schlau vor, was? Wo willst du jetzt hin? Stürzt du dich in die Tiefe?«, fragte er, das Gesicht zu einer lüsternen Grimasse verzogen.

»Ein Schritt weiter und ich töte dich!«

»Huch, da habe ich Angst!« Woher nahm sie das Recht, ihm zu drohen? Dass sie sich ihm widersetzte, erregte ihn noch mehr.

Olis Speer flog durch die Luft und blieb in der Mitte seiner Brust stecken. Er sah ihn an, verblüfft, verstand nicht, wie er von so weit weg bis zu ihm gelangt sein konnte, dann brach er zusammen.

Die vergleichende Untersuchung des Hüftknochens und die Röntgen-Mikrotomografie der Gehörschnecke der zwei in der Höhle gefundenen Körper deuten darauf hin, dass wir es mit einem Mann und einer Frau zu tun haben. Die Analyse ihrer DNA bestätigt dies. Auf einigen noch lesbaren Sequenzen lässt der Homozygotiegrad darauf schließen, dass sie wohl die gleiche Abstammung haben: den gleichen Vater oder den gleichen Großvater. Es könnte sich also um Bruder und Schwester, Cousin und Cousine oder sogar um Vater und Tochter oder Onkel und Nichte handeln.

Zu diesem Punkt halten wir fest, dass die Sozialstruktur der ältesten Sippen, deren DNA man untersuchen konnte, matrilokal und matrilinear ist. Das bedeutet, die Männer und Frauen werden der Mütterlinie zugerechnet und verbleiben in ihrer Geburtsgruppe, wobei sie Begegnungen mit anderen Sippen nutzen, um Sex zu haben und Kinder zu zeugen … Das heißt jedoch beileibe nicht, wie die feministische Anthropologin Françoise Héritier klarstellt, dass in diesen Gesellschaften die Macht den Frauen gehört. Weit gefehlt. Diese Frauen haben Brüder, die Autorität über ihre Schwestern und über ihre Neffen und Nichten ausüben. Diese Organisation ist älter als die Vaterclans und stammt aus einer Zeit, als die Erzeugerrolle des Mannes noch unsicher war.

Wie steht es mit Inzest? Claude Lévi-Strauss gibt zu bedenken: Sobald sich Mitglieder einer Gruppe als verwandt erkennen, verbietet dieses Verhältnis, weil es eine zu große Nähe impliziert, jede sexuelle Beziehung. Eine Art

Vermeidung, die zugleich natürlich und sozial ist, vor allem aber ein Ansporn, um nicht zu sagen eine Verpflichtung, sich außerhalb des Familienclans neue Beziehungen zu suchen. Wer aber von Vermischung spricht, setzt Möglichkeiten der Begegnung voraus; jedoch schätzt man die europäische Sapiens-Population im Aurignacien auf kaum 100 000 Personen – wahrscheinlich weniger –, bei relativ niedriger Geburtenrate, verursacht durch das lange Ausbleiben der Menstruation, das mit intensivem Stillen einhergeht, und hoher Kindersterblichkeit. Solche Begegnungen waren also die Ausnahme, wiewohl unsere Vorfahren die gleiche Fleischeslust verspürten wie wir, was unvermeidlich eine gewisse Inzucht mit sich bringt.

Wir halten fest, dass nicht alle Kulturen die gleiche Einstellung zu innerfamiliären sexuellen Beziehungen haben, vor allem wenn es um den Erhalt der Macht in den führenden Familien geht, wo Ehen zwischen Bruder und Schwester, Vater und Tochter, Cousin und Cousine gefördert wurden. Halten wir außerdem fest, dass diese Praxis selbst in Gesellschaften, die sie als schweres Verbrechen einstufen, immer existiert hat, umso mehr, wenn die Gruppen isoliert leben. Die Anthropologin Dorothée Dussy spricht daher von einer Politik des Verschweigens und betont, dass innerhalb dieser Familien nicht der Akt selbst als problematisch gilt, sondern sein Öffentlichwerden – wegen der Schande und der strafrechtlichen Reaktion, die das mit sich bringt.

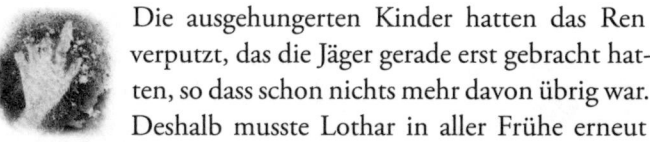Die ausgehungerten Kinder hatten das Ren verputzt, das die Jäger gerade erst gebracht hatten, so dass schon nichts mehr davon übrig war. Deshalb musste Lothar in aller Frühe erneut zur Jagd aufbrechen, nur ging er zum ersten Mal allein, die anderen Männer hatten sich gedrückt, auch der, dem Oli – zu Recht – den Spitznamen Spinner verpasst hatte. Er hatte sich geweigert mitzugehen, weil er sich angeblich um Idra kümmern musste, seine Schwester, die Daïno mit Gewalt in der Hütte gefangen hielt.

Er war erst kurze Zeit unterwegs, als er einen einzelnen Auerochsen erspähte. Er sah verletzt aus. Lothar konnte sein Glück nicht fassen. Was er nicht wusste, war, dass die vier Löwen, die über ihm auf einem Felsvorsprung hockten, diese unverhoffte Beute ebenfalls ausgemacht hatten und dazu einen einzelnen Mann …

 Es war Erin gewesen, die Älteste der Geschwister – dieselbe, die dem Spinner heute befahl, *etwas zu unternehmen*, um Idra zu befreien –, die als Kind entschieden hatte, das Lager ihrer Eltern zu verlassen, nachdem sie vergeblich auf deren Rückkehr gewartet hatten. Damals vertraute sie auf das Glück: Da ihre Familie sich am Flussufer niedergelassen hatte, um die Vorteile des Wassers zu nutzen, würden sie irgendwo flussabwärts zwangsläufig andere Menschen finden, die die gleiche Idee gehabt hatten. Nach zehn Tagen Wanderung entdeckten sie schließlich ein Feuer in einem Felsunterschlupf, und die Familie, auf die sie dort trafen, nahm sie bei sich auf.

Er musste dasselbe Abenteuer nur noch einmal wagen.

Schon klar: Dass Erin damals geschlechtsreif gewesen war, hatte nicht unwesentlich zu der Entscheidung beigetragen, sämtliche Geschwister aufzunehmen, aber auch er würde nicht mit leeren Händen kommen. Neben seiner guten Kenntnis der weiblichen Anatomie hatte er ein echtes Talent zum Unterhalter – über seine Rentier- und Pferdeimitationen lachten die Kinder, bis ihnen die Tränen kamen. Und seine Witze waren wirklich nicht schlecht. Außerdem hatte er eine verdammt gute Geschichte, die er an einem neuen Feuer erzählen konnte: *Als man entdeckte, dass das männliche Geschlecht Kinder beschert ...*

Hellwach, während er sich schlafend stellte, beobachtete der Spinner Lothars Jagdvorbereitungen. Sobald dieser das Lager verließ, stand er lautlos auf und stahl sich davon.

Falls man Schuldgefühle von ihm erwartete, nein, er empfand keine.

Was war schon schlimm daran, Daïno, der zwanzig Mal breitere Schultern hatte und immer die Oberhand behalten würde, nicht herausfordern zu wollen?

Was war schlimm daran, Lothar bei der Nachschubbeschaffung nicht zu begleiten? Dass er den Witzbold gab, hatte bisher mehr oder weniger erfolgreich davon abgelenkt, dass er schlecht zielte, nicht rennen konnte und unfähig war, schwere Lasten zu tragen, und seine Inkompetenz war in der Gruppe untergegangen. Aber so, nur zu zweit, das war ihm klar, würde die erste Konfrontation mit irgendeinem Tier von leidlicher Größe ihm den Garaus machen.

Nein, er sah wirklich nicht ein, was schändlich daran sein sollte, am Leben bleiben zu wollen!

 Ihr Leben lang hatte sich Olis Mutter nach jeder erlittenen Strafe gewissenhaft zur Höhle der Ahnfrauen begeben und ihren Handabdruck hinterlassen, doch nie hatte sie von ihnen ein Wort des Trostes gehört.

Warum sprachen sie mit ihrer Tochter und mit ihr nicht?

Ihre persönliche Methode, sich zurechtzufinden, wenn sie überfordert war, bestand darin, dass sie subtile Verbindungen zwischen den Ereignissen knüpfte, Koinzidenzen nachspürte und einen gewissen Zusammenhang herstellte, wo es ihn nicht zwangsläufig gab. Sie war im Übrigen recht begabt in logischem Denken und Vorhersagen, aber in diesem Fall, der Tötung ihres Bruders Issa, hatte sie nichts kommen sehen.

Wie war es möglich, dass ein Mensch – zugegebenermaßen ein wortkarger, leicht verkorkster, aber an sich nicht bösartiger Rüpel – sich verwandelte in ... sie wusste es nicht; Tiere taten so etwas nicht. Sie griffen ihre Artgenossen nicht mitten beim Sex von hinten an. Ihr Sohn Daïno hatte Issa nicht mal herausgefordert, er hatte sich in einem Anfall von Wahnsinn auf seinen Rücken gestürzt und ihn mit unvorstellbarer Brutalität erstochen ... Eine obendrein völlig sinnlose Aktion, denn Idra würde ihn nie wieder an sich ranlassen, es sei denn verängstigt und unter Zwang. Was die anderen Mädchen betraf, die würden ihn jetzt mit Entsetzen in den Augen ansehen.

Wahrscheinlich hatte sie nichts geahnt, weil das, was sich

in ihrer Sippe ereignet hatte, mit einfachem Schlussfolgern oder Vorhersagen nicht zu erfassen war. Es war eine bisher unbekannte Ausprägung eines Naturphänomens, so wie ein Stein zu Boden fällt oder Eis in der Sonne schmilzt: Der Sex zwischen Männern und Frauen, Ursprung des Lebens, ist unentwirrbar mit dem Tod verknüpft. Der Beweis: Es hatte nur zwei Tage gedauert, bis sich das Chaos einnistete und sie alle ins Ungewisse führte.

Zwei kurze Tage seit der Geburt des schlammfarbenen Kleinen, und so weit war es gekommen:

Ihr Bruder Issa auf grässliche Weise getötet.

Oli wer weiß wohin verschwunden.

Ältester Onkel verschollen ... Wenn sie es recht bedachte, war er für dieses Wirrwarr verantwortlich mit seiner Idee, die Frauen diktatorisch zu verteilen. Er war noch schlimmer als der Älteste Onkel ihrer Kindheit. Gewiss, Letzterer hatte ihr drei Finger abgehauen und sie zu Paarungen gezwungen, die sie anwiderten, aber wie sie jetzt feststellte, hatte er nur so gehandelt, weil er ein beschränkter Grobian war, der stumpf die großen Prinzipien zur Anwendung brachte. Ihr Bruder dagegen mit seinen hochtrabenden Phrasen war ein Theoretiker des Unglücks, er hatte die Regeln endlos vermehrt, um mit sadistischer Freude alle zu unterdrücken, die dagegen verstießen.

Ihr Sohn Lothar. Seine entsetzlichen, mit dem Gebrüll von Höhlenlöwen untermalten Schreie, die vom Ende des Tals herüberschallten, hatten sie am frühen Morgen geweckt. Er war von der Jagd nicht zurückgekehrt, und sie hatte viel zu viel Angst, um nachzusehen, was von ihm übrig war.

Der Spinner. Der Klügste von allen! Hinter seinen hinkenden Witzen hatte er sein wahres Wesen gut versteckt. Alle sitzen lassen, das Weite suchen und dieser Hölle entfliehen: was für ein cleverer Trick!

Um täglich fünf hilflose Frauen und elf Kinder zu ernähren, blieb jetzt nur noch Daïno in seinem Irrsinn. Wie die Dinge standen, sagte sie sich, hatten die Ahnfrauen zur Abwechslung vielleicht einen Vorschlag für sie. Eine Idee. Irgendwas. Deshalb war auch sie unterwegs zu den Felsunterständen am anderen Flussufer.

Ältester Onkel war bis zur Höhle gekrochen, um Schutz zu suchen vor der Kälte und dem Wind. Den Oberkörper gegen die Wand nahe dem Eingang gepresst, saß er im Stockfinstern, als ihn plötzlich ein Geräusch aus seinem fiebrigen Dämmer riss. Im Glauben, es sei ein Bär, der ihn töten wollte, machte er sich mit dem Messer in der Hand bereit, seine letzten Kräfte in den Kampf zu werfen. Dann aber keimte wieder Hoffnung in ihm auf, als er im schwankenden Lichtkreis einer Fettlampe die Silhouette seiner Schwester erkannte.

»Hat Oli dir das angetan?«

»Hol die Männer, damit sie mich zur Hütte tragen … Und sie sollen mir zu trinken mitbringen. Mach schnell!«, murmelte er mit ausgedörrtem Mund.

»Sieh mal an, sie hat dich nicht verfehlt! Sie ist ganz schön stark. Sogar stärker als du!«

Getrocknetes Blut von einer Wunde, aus der ein Speer ragte, befleckte sein Hemd. Sie hockte sich hin und klopfte schonungslos auf den Schaft, wollte abschätzen, wie tief er in seinen Rumpf eingedrungen war, was ihn vor Schmerz aufheulen ließ. Sie richtete sich wieder auf.

»Oli sagt, unser inneres Wesen, das mit uns spricht und uns Anweisungen erteilt, befindet sich eher in unserem Kopf, hinter den Augen, als in unserer Brust ... Offensichtlich hat sie recht, denn obwohl dieser Speer dich von vorne bis hinten zu durchbohren scheint, bist du immer noch ganz der alte Mistkerl, der sich anmaßt, mir Befehle zu erteilen, wo man doch erwarten könnte, dass du mich anflehst, dir zu helfen ...«

»Hol Issa, los!«

Sie lachte. »Es gibt keinen Issa mehr. Auch keinen Daïno und keinen Lothar; es gibt niemanden mehr!«

Sie neigte den Kopf zur Seite und musterte ihn wortlos, dann schaute sie prüfend in die Dunkelheit tief in der Höhle.

»Bis jetzt habe ich die Augen verschlossen und gehofft, dass eines Tages alles gut wird und man aufhört, mir die Finger abzuhacken, mich zu schlagen oder gewaltsam in mich einzudringen ... Wie alle, die ihre Hand an den Wänden dieser Höhle verewigt haben, habe ich gehofft, dass sich etwas ändert. Du hast sie bestimmt gesehen, diese Abdrücke, nicht wahr? Hast du gesehen, wie zahlreich diese Frauen sind? Sie haben immer mit ihr gesprochen, aber mit mir nie. Nicht ein Wort. Bis heute. Jetzt endlich höre ich sie! Und weißt du, was sie zu mir sagen? Dass sie froh sind, dich hier bei ihnen zu wissen, dich, den Letzten in der Linie der Ältesten Onkel ...«

Und da er sich aufzurichten versuchte:

»Still ... Rühr dich nicht, es hat keinen Zweck. Hör lieber

zu … Eben raten sie mir, dir den Schädel zu zertrümmern, damit das, was drin ist, nicht rauskommt, und dann dein blutiges Gesicht mitten zwischen ihre Hände zu drücken, so dass sein Abdruck im Stein erstarrt und bis zum Ende der Zeit betrachten muss, was Leute wie du ihnen angetan haben … Und weißt du, was? Ich finde das eine großartige Idee!«

Sie ignorierte die Schreie und das Gefuchtel ihres Bruders, während ihre Augen seelenruhig nach dem passenden Steinbrocken Ausschau hielten, dann hob sie ihn auf und packte ihn mit beiden Händen.

»Weißt du noch, wie ich die Zwillinge bekam und Ältester Onkel mich aufforderte, Oli sterben zu lassen, weil sie überzählig sei? Dass sie am Leben zu lassen die Welt früher oder später ins Chaos stürzen würde? Du warst übrigens seiner Meinung, wie ich mich entsinne. Man kann sagen, dass ihr den richtigen Riecher hattet, denn wir sind mittendrin!«

Und sie drosch den Stein mehrmals und mit all ihrer Kraft auf den Kopf ihres Bruders, und als er sich nicht mehr rührte, packte sie seine Haare, bestrich sein Gesicht mit rotem Ocker und brachte den Abdruck mit großer Sorgfalt auf der Felswand an.

Als sie fertig war, trat sie zurück und betrachtete zufrieden das Ergebnis: eine dunkelrote Maske mit je einem Loch für die beiden Augen und einem für den Mund. Und zur Vollendung zwei länglichen Pupillen, mit dem Zeigefinger in den Lehm geritzt.

Was beim Betreten der Höhle sofort ins Auge fällt, ist die ungleiche Behandlung der beiden Körper, die sich dort befinden.

Der erste, der des Mannes, nahe dem Eingang: Bei ihm sind nur die Beine ausgestreckt und parallel, und er ist in sich zusammengesackt, was vermuten lässt, dass er im Sitzen gestorben ist, mit den Armen längs des Rumpfs und den Rücken gegen die Wand gelehnt.

Sein Tod hat weder eine natürliche Ursache, noch ist er einem Unfall geschuldet, denn zwischen den Gebeinen haben wir eine Speerspitze gefunden, die tief in seinen Oberkörper eingedrungen sein muss. Zusätzlich stellen wir fest, dass seine Schädelhöhle, während er saß, mit einem schweren Gegenstand brutal zerschmettert wurde – wahrscheinlich mit dem daneben platzierten dicken Stein.

Es handelt sich zweifellos um einen Tatort. Den ersten bekannten Tatort in der Geschichte der Menschheit.

Ist die *Dame de Winiarczyk* die Täterin? Alles, was wir sagen können, ist: Der Umstand, dass dieser Bruder oder Onkel bestraft wurde, ist mit ihrer Geschichte verknüpft, denn man hielt es für angebracht, diese beiden im selben Grab zusammen durch die Zeit reisen zu lassen.

Vielleicht ist er – zumindest sinnbildlich – verantwortlich für all die Verstümmelungen, von denen die Wände dieser Höhle zeugen, oder auch nur für jene, die diese Frau erlitten hat?

In einem Punkt sind wir uns allerdings sicher: Er muss etwas getan haben, das schwerwiegend genug war, um ihn derart brutal zu töten und ein Tabu zu verletzen, indem man ihm das ewige Leben verweigerte. Denn die Person, die ihn erschlug, während er verletzt und wehrlos dasaß, scheint diesen Mann verachtet zu haben. Man hat ihn ontologisch verleugnet, sein Dasein getilgt, zumal er mit ungeheurer Gewalt von vorn getötet wurde. Das beweisen durch Kalzitkristalle verfestigte Spuren rund um seinen Körper: als hätten seine Fersen die Erde geharkt, als er nach einem Halt suchte, um sich aufzurichten, wahrscheinlich in der Absicht, seinem Angreifer zu entfliehen.

Kein einziges Artefakt wurde in seiner Umgebung gefunden; nicht mal eine Kette oder eine Waffe.

Nichts. Wie bei einem erlegten Tier.

Auf einer Höhe von neunzig Zentimetern über dem Boden, oberhalb des Knochenhaufens, ein vollkommen neuartiger Positivabdruck: die bis dato einzige bekannte Abbildung eines menschlichen Gesichts in dieser Epoche. Ihre Form einer rotockerfarbenen Fläche lässt an eine Maske denken, mit einer Aussparung für den Mund und zweien für die Augen, in deren Mitte jemand in den Lehm der Wand mit dem Finger Pupillen gezeichnet hat.

Wohlgemerkt: Obwohl unsere fernen Vorfahren des Paläolithikums die Zeichenkunst, die Wischtechnik und die Darstellung von Bewegung perfekt beherrschten, wovon das herrliche naturalistische Bestiarium der Chauvet-Höhle zeugt, haben sie uns keine einzige Abbildung ihrer selbst hinterlassen.

Die Darstellungen sind immer stilisiert, wie die 250 Venusfiguren des Gravettien, die in ganz Europa gefunden wurden, ohne Kopf oder mit Gesichtern ohne echte Züge wie bei der Venus von Brassempouy. Oder wie jenes Graffiti am Grund eines acht Meter tiefen Schachts in der Höhle von Lascaux: eine mit zwei Beinen, zwei Armen, einem Kopf und einem erigierten Geschlecht versehene Kartoffel, würdig der Kritzelei eines Rotzbengels, der damit zufrieden ist, in aller Heimlichkeit einem Tabu zu trotzen. Dieses Verbot, ein menschliches Wesen so abzubilden, dass man seine Züge erkennt, und damit das Leben eines Subjekts einzufrieren, ist selbstverständlich religiös oder metaphysisch zu erklären; die ersten bekannten Porträts waren Grabporträts und exklusiv für die Götter bestimmt.

Angesichts der mutmaßlichen Größe des sitzenden Mannes wurde dieser Abdruck genau auf Höhe seines Kopfes ausgeführt, als hätte jemand ihm das Gesicht mit rotem Ocker bestrichen und dann an die Wand gequetscht. Die Pigmente, die mittels Raman-Spektroskopie und Rasterelektronenmikroskopie analysiert wurden, bestätigen diese Hypothese: Verklebt mit einigen Pigmentkörnern fanden sich organische Partikel, die einem alten Hämoglobin entsprechen. Jemand hat also bewusst versucht, sein Gesicht im Stein zu fixieren. Ihn buchstäblich versteinern zu lassen, als wäre er dem Blick der Medusa begegnet – der Stärke des Weiblichen, Symbol für Zorn und Macht.

Oli war geflohen.

Sie war gerannt und gerannt, und als das Tal einmal hinter ihr lag, verwandelte sich ihre Flucht allmählich in eine Reise zum Rand der Welt.

»So, fast geschafft!«, schnaufte sie, nachdem sie etwa zwei Wochen lang mit großen Schritten dem Flusslauf bis zu einer riesigen Mündung gefolgt war. »Ehrlich, es gibt keinen Grund, so ein Tamtam darum zu machen!«

Ihre Onkel, die die gleiche Expedition unternommen hatten, waren zu zweit gewesen, sie dagegen war allein unterwegs. Bei all den Ammenmärchen, die sie von ihnen gehört hatte, erzählte nicht eines davon, wie schön es war, all dies Wasser, das sich ins Endlose erstreckte und auf dem das Licht tanzte. Keins beschrieb diese unermessliche Weite, die dich überwältigte. Schilderte diese merkwürdigen weißen Vögel, die einander ankreischten, oder diese sonderbaren Tierchen mit Schalen auf dem Rücken. Berichtete vom Tosen der Wellen und der rollenden Steine. Nur von pseudoheroischen Jagdabenteuern. »Was für Banausen!«, dachte sie bitter und umklammerte mit der Linken ihre zwei Speere.

Da fiel es ihr wieder ein … Sie war noch jung. Die Frauen und Kinder saßen ums Feuer. »Wenn ich groß bin, mach ich es wie Ältester Onkel und Issa und gehe zum Rand der Welt.« Die ganze Sippe hatte sie freundlich geneckt, nur ihr Zwillingsbruder Daïno ließ zum ersten Mal dieses schwachsinnige Gackern hören, das er nie wieder ablegen würde. »Ich ja, aber du nicht. Der Rand der Welt ist zu weit weg für ein Mädchen! Da es nicht jagen darf, wie soll es da bitte essen?«

Bis dahin hatten Daïno und sie das perfekte Duo gebildet, obwohl die Intelligenz ihres Bruder die eines Kleinkinds geblieben war. Und dann, nach dem Vorfall mit dem Kaninchen, plötzlich nichts mehr. Nur noch Verachtung. Mit grausamen Bemerkungen wie dieser zeigte er seiner Schwester und dem Rest der Sippe, dass er zum Mann geworden war, der die virile Grammatik der Jägertruppe nach Kräften verinnerlichte. Noch nie war es ihm gelungen, einen so langen Satz zu bilden – *Da es nicht jagen darf, wie soll es da bitte essen?* Wie stolz er gewesen war!

»Mir egal, eines Tages tu ich's!«, hatte sie laut und deutlich erwidert und im allgemeinen Gelächter wütend die Fäuste geballt, dann war sie in eine Ecke gegangen und hatte sich zum Weinen unter einem Fell versteckt.

Und jetzt sah sie das Meer.

»Ich bin da ... Schaut alle her ... Ich bin da!« Ganz allein johlte und lachte sie, ihre Stimme übertönt vom Lärm der Brandung.

Im selben Moment richtete sich ein Dutzend Menschen, die ein Stück entfernt am Strand in gebückter Haltung Muscheln sammelten, in einer einzigen Bewegung auf. So früh im Jahr sah man eher selten, wie jemand mit Blick auf den Horizont gestikulierte. Normalerweise tauchten sie später auf, zur Mitte des Sommers hin, und sie kamen auch nie allein.

Instinktiv rückte die Gruppe zusammen und blickte fragend in die Ferne: Eine Frau beschimpfte wie besessen die Wellen.

»Noch eine, die am Fluss entlanggewandert ist«, bemerkte Dina, eine junge Mutter mit auf den Rücken geschnürtem Säugling.

»Dieser Ort zieht sämtliche Verrückten von flussaufwärts an. Nur sie brüllen so in den Wind, wenn sie das Meer sehen«, sagte Ipané, die älteste der Frauen.

»Stimmt, das tun sie alle. Ich hab mich immer gefragt, warum.«

»Was weiß ich – das Licht, die Grenzenlosigkeit ... Das muss ihnen irgendwo wehtun. Wir haben genug Muscheln, gehen wir heim!«

Oli sah den kleinen Trupp der Reihe nach hinter den graswachsenen Dünen verschwinden, die den Strand säumten. Zwei reife Frauen, ein Mann und zwei jüngere Frauen sowie mehrere Kinder. Wieder beglückwünschte sie sich dazu, diese Reise unternommen zu haben. Außer der Sippe, der sie als Kind begegnet war, und den Fremden hatte sie früher nie Leute getroffen, aber das hier war jetzt schon das dritte Mal, dass sie auf ihrer Wanderung massenhaft Menschen sah wie sie selbst. Und das Verrückte war: Bis auf wenige Wörter, die sich von den in ihrer Sippe gebrauchten unterschieden, und noch ein paar andere, die Dinge bezeichneten, die sie noch nie gesehen hatte, verstand sie immer, was ihre Gegenüber sagten. Dagegen bei diesen Weißen mit den komischen Köpfen, denen sie Wilmas Tochter anvertraut hatte: nichts. Kein Wort! Selbst die

Sprache, die man im Inneren spricht, musste eine komplett andere sein, so fremdartig waren sie.

Als sie über den endlosen Strand zu der Stelle lief, an der die Muschelsammler verschwunden waren, kam sie an einer korbartigen Konstruktion aus Holz und Häuten vorbei. Sie schlussfolgerte, dass dies die große Schale war, von der Ältester Onkel und Issa in ihren Geschichten erzählten, sie hätte sie bis zu dem Wasserfall getragen, der sich in den Himmel stürzte. Da konnte sie sich genauso gut hineinsetzen und warten, dass sie sie auch dorthin brachte.

Sie vertiefte sich ganz ins Betrachten und Sortieren der Muscheln, die sie vom Boden aufgelesen hatte. Und da das Geräusch der Brandung das von Schritten übertönte, fand sie sich unvermittelt umringt von etwa zwanzig Leuten.

»Wo ist deine Sippe?«, schreckte der älteste Mann in der Gruppe sie auf. Oder die Frau. Bei näherer Betrachtung war Oli sich nicht mehr sicher. Ein alterloses Wesen mit einem Blick, als würde er oder sie alle Dinge der Welt kennen. Einem Blick, der in dich eindrang, gegen deinen Willen, um alle deine Gedanken zu ergründen.

»Dort«, sagte sie und zeigte mit der Fingerspitze auf den ersten von mehreren parallelen Strichen auf dem Rentierknochen ihrer Schleuder, der mit dreißig ähnlichen Kerben versehen war, zwei davon länger als die anderen. »Ich komme von dort, und das ist die Anzahl der Tagesmärsche, die ich hierher gebraucht habe, wobei ich mir Zeit gelassen habe. Und die großen Einkerbungen hier, da bin ich Menschen begegnet. Die nächste, die ich mache, ist dann für euch.«

Unter erstauntem Gemurmel wurde der Knochen reihum gereicht: Zum ersten Mal hatten die Küstenmenschen etwas Konkretes über die Welt landeinwärts in Händen.

»Wie heißt du?«

»Oli.«

»Ich bin Dina. Und deine Finger, was ist mit denen passiert?«

»Man hat sie mir abgehackt.«

»Wie schön dein Gewand ist! Und deine Ketten ...«

Sich ihrer Eleganz bewusst, lächelte Oli sie an. Zugegeben, seit sie von den Ihren weggegangen war, hatte sie es sich gutgehen lassen. Nicht nur hatte sie sich mit Fleisch vollgestopft und mehrere Kilo an Muskelmasse zugelegt, sie hatte auch ihr Äußeres neu gestaltet, um ihm die für ihre Besuche bei den Sippen am Flussufer geziemende Feierlichkeit zu verleihen. An ihrem neuen, mit Sorgfalt genähten Hemd aus Löwenfell prangte ein Kragen in Form einer über die Maßen buschigen Mähne aus langen schwarzen Auerhahnfedern, der ihr Gesicht zur Geltung brachte. Sie hatte sich auch Halsschmuck aus hier und da gesammelten Rentier-, Bären- und Murmeltierzähnen gemacht, in der Mitte hing das kleine Pferd, das Wilma ihr geschnitzt hatte. In die Umschnürung ihrer Stiefel waren die Perlen aus Mammutelfenbein geflochten, die sie für das Totenhemd von Ältestem Onkel hatte schnitzen müssen und die, wie die Dinge lagen, keine Verwendung mehr finden würden.

»Was sind denn Ketten?«

»Das, was du zur Zierde um den Hals trägst: Ketten eben!«

»Ah ja, deine sind auch sehr schön! Diese komischen

Steine habe ich schon bei den Fremden am Hals gesehen, aber ich wusste nicht, dass die von hier sind.«

»Bei den ›Fremden‹?«

»Den Weißen.«

»Hier bei uns sagen wir ›die Anderen‹. Und das sind keine Steine, sondern Muscheln. Da leben Tiere drin, die man essen kann.«

»Und das?«, fragte Oli und wies mit ausladender Geste auf die weite Landschaft.

»Das Meer? Der Strand?«

»Der Rand der Welt.«

Ein schöner junger Mann mit erstaunlich großem, muskulösem Körper, der ihr von Anfang an zugelächelt hatte, mischte sich ein. »Das ist nicht der Rand der Welt. Man sieht es nicht, solange die Sonne hoch steht, aber da drüben gibt es von Wasser umschlossenes Land und dahinter wieder das Meer. Falls die Welt einen Rand hat, ist er viel zu weit weg, als dass man hinkönnte, denn wenn du das Meer herausforderst, indem du zu weit rausfährst, wird es zornig und verschlingt dein Boot.«

»Ich bin hergekommen, um den Wasserfall zu sehen, der in den Himmel stürzt.«

»Wenn es einen Wasserfall gäbe, der über den Rand der Welt fließt, meinst du nicht, dass das Meer sich dann schon lange geleert hätte?«

»Meine Onkel haben von diesem Wasserfall erzählt! Sie sind vom Ufer aufgebrochen –«

»Vom Strand.«

»… vom Strand, und sie sind in diesem Ding übers Wasser und haben ihn mit eigenen Augen gesehen.«

Allgemeine Heiterkeit.

»Und wie hätten sie es schaffen sollen, nicht von der Strömung fortgerissen zu werden?«, spottete er freundlich.

»Und ihr Boot? Woran wollen sie es festgebunden haben, damit es nicht in den Himmel fällt?«, ergänzte ein Kind und unterdrückte ein Lachen.

Oli war verstimmt.

»Steig aus und komm lieber mit zur Hütte, da kannst du uns von deiner Reise erzählen.«

»Wohnt ihr denn hier?«

»Wir kommen zum Strand, wenn die Temperaturen milder werden und der eisige Meerwind zu wehen aufhört. Und wir gehen, wenn er wieder einsetzt. Ansonsten gibt es ein paar Tagesmärsche nordwärts Unterschlupfe, wo wir im Winter die Hütte aufstellen. Wenn die schönen Tage wiederkehren, haben alle es eilig, zum Strand zu kommen. Wir bevorraten uns hier mit geräucherten Fischen, weil sie größer und besser sind als die in den Flüssen. Und der Vorteil hier ist, dass hier weder Höhlenlöwen noch Bären leben, denn es gibt keine Tiere zum Jagen. Sie kommen nicht her, weil das Wasser da nicht trinkbar ist.«

»Wie viele Familien seid ihr?«

»So läuft das hier nicht. Wir kommen alle von unterschiedlichen Orten, und mit der Zeit haben wir eine Sippe gebildet«, sagte Ipané.

Dina, die junge Mutter, schnappte sich Olis Schleuder und zeigte auf eine Stelle zwischen der dritten und fünften Kerbe. »Irgendwo da müsste es drei schnelle Tagesmärsche entfernt eigentlich noch eine Sippe geben ... Du hast sie nicht vielleicht gesehen? Es ist meine. In der Mitte des

Sommers, wenn die Sonne hoch steht, kommen sie her und genießen das Meer. Drei große Familien. Wir waren mehrmals hier am Strand, und ich hab es schließlich gemacht wie einige andere: Ich bin geblieben, weil ich mich hier wohlfühle. Wenn es kälter wird, sage ich mir jedes Mal, dass ich mit den Meinen zurückgehe, und tue es dann doch nicht. Wir erwarten sie, sie müssen jeden Tag eintreffen.«

Daraufhin wurden Namen hin und her geworfen, begleitet von anzüglichem Glucksen, das fröhliche Ausschweifungen versprach.

»Nein, in der Gegend habe ich niemanden gesehen. Die Nächsten sind da, wo der erste lange Strich ist: sechs Tage entfernt.«

»Sie müssen einer Herde gefolgt sein, ehe sie sich hierher aufgemacht haben. Los, komm mit, erzähl uns alles von deiner Reise.«

Zierwerk wie Tätowierung, Kleidung oder Körperbemalung gehört seit Anbeginn der Menschheit zu den stärksten sozialen Zeichen in den visuellen Beziehungen von Individuen.

Aus der für die Neandertalerkultur charakteristischen Grotte du Renne bei Arcy-sur-Cure wissen wir, dass diese Menschenart die Kunst der Verzierung entwickelt hatte, denn sie fertigten äußerst zierliche Objekte wie Ohrgehänge aus Rentier-Zahnbein, Tierzähnen und durchbohrten oder geschlitzten Muscheln. Das Zierwerk in der Winiarczyk-Höhle ist das älteste in Europa gefundene, in diesem Fall jedoch an einem Sapiens.

Die Ketten, die diese Frau trägt und die aus Rentier-, Bären- und Murmeltierzähnen bestehen, einem kleinen geschnitzten Pferd, aber auch aus Muscheln – was erstaunlich ist, lebte die Besitzerin doch 250 Kilometer vom Meer entfernt –, wurden sie ihr bei einer freundschaftlichen Begegnung mit ansässigen Neandertalern geschenkt oder sind es Imitationen? Und wenn dies zutrifft, wer hat dann wen imitiert?

Ein weiterer überraschender Fund.

In der Nähe des Frauenkörpers das Werkzeug oder besser: die für die erste Vernichtung der Biodiversität durch den Menschen verantwortliche Waffe, denn sie hat dazu beigetragen, die Megafauna binnen ein paar Jahrtausenden vom Erdboden zu tilgen. Verschwunden sind Höhlenlöwe und Höhlenbär, Wollnashorn, Mammut ... Ich spreche von der Speerschleuder. Diese Waffe, die den Wurfarm verlängert und die Geschwindigkeit des Speers durch Hebelwirkung vervielfacht, hat unseren Sapiens-Vorfahren die Jagd aus der Distanz ermöglicht, wohingegen sie vor ihrer Erfindung auf das Tier zugehen mussten, was natürlich weit gefährlicher war.

Man hat die Speerschleuder bisher dem Solutréen zugeordnet. Muss man ihre Einführung auf das Aurignacien zurückdatieren, oder handelt es sich um die isolierte Erfindung einer besonders begabten Person?

Schon bei der Entdeckung der Chauvet-Höhle hat die Paläontologie dank Entwicklung der Radiokarbondatierung kritisch auf diese chronologische Komplexität hingewiesen; dass nämlich hinter den Artefakten und Felsmalereien zwar eine Kultur und ein Territorium stehen, aber auch mehr oder weniger geniale Menschen.

Diese Speerschleuder wurde aus einem Rentierknochen und etwas gefertigt, was das Gabelbein eines Raubvogels gewesen zu sein scheint und im Korpus der Waffe steckte, um einen Speer zu halten.

Auf einer der Seitenflächen der Waffe finden sich dreißig Einkerbungen, von denen drei länger sind als die anderen. Auf der anderen Seite eine Art Spiralen mit Verzweigungen. Geht es um Jagdtrophäen: dreißig Beutetiere, davon drei große? Um Zeiterfassung? Dreißig Mondzyklen oder dreißig Tage? Eine Doktorandin hatte die Idee, diese Hypothese anhand einer Karte zu illustrieren und mit Google Maps virtuell an der Vézère, dann an der Dordogne entlang von La Ferrassie bis zum Atlantik zu laufen und dabei den typischen Tag eines Jägers einzuhalten. Unter Berücksichtigung der Tatsache, dass die Küste während der Eiszeit weiter entfernt war und die Gironde-Mündung nicht existierte, kam sie auf fünfundzwanzig bis dreißig Tage, um bis zum Meer vorzudringen. Die Spiralen könnten demnach die Mäander des Flusses veranschaulichen oder seine Zuflüsse. Dreißig Tage, davon drei, an denen vielleicht etwas Wichtiges passiert ist? Ein mystisches Ereignis? Das Zusammentreffen mit anderen Sippen, die sich in den Kalkunterschlupfen entlang der zwei Flüsse niedergelassen hatten? Aber das sind lediglich Spekulationen.

 Als Oli dem Grüppchen folgte, das durch die Dünen zu den Hütten wanderte, machte der junge Mann, dem sie es angetan hatte, einen Annäherungsversuch, indem er seinen Arm um sie legte. »Ich heiße übrigens Char, und ich finde dich sehr hübsch!«

In die Enge gedrängt, machte Oli sich rüde los. »Du fasst mich nicht an! Außerdem mag ich deine Erscheinung nicht.«

»Was ist mit meiner Erscheinung? Bis eben wusste ich nicht mal, dass ich eine Erscheinung habe«, sagte er ehrlich überrascht. »Wonach sieht sie denn aus?«

»Nach Kraftprotz. Du musst wissen, dass Kraftprotze mich kein bisschen beeindrucken. Die Muskeln eines Mannes verheißen nur Schläge.«

»Aber ich hab noch nie jemanden geschlagen!«

»Spielt keine Rolle; du sollst dich nicht an mich ranmachen.«

Eine Abfuhr. Allgemeine Heiterkeit.

»Na schön ...«

»Genau. Nimm es nicht krumm.«

»Ich nehme es nicht krumm.«

Das brachte Oli aus dem Tritt. »Ah ... Umso besser!«

»Du bist wie Ipané, meine Mutter, du magst keine starken Männer. Du vergnügst dich lieber mit Mädchen. Ich verstehe.«

»Was? Nein, überhaupt nicht, das hat damit nichts zu tun!«

Zwischen zwei Dünen gezwängt drei sehr große Hütten, von denen eine den Kindern und Alten vorbehalten war. Die Sippe bestand aus etwa dreißig Personen, bunt zusammengewürfelt, die sichtlich nicht zur gleichen Familie gehörten.

Während die jungen Leute Steine im Feuer erhitzten, leerten die Frauen den Inhalt ihrer Gefäße in einen Trog. Über der Glut, dem Qualm ausgesetzt, lagen auf Holzsprossen zahlreiche Fische, die nach Bedarf geräuchert wurden.

»Was macht ihr da?«

»Wir öffnen die Muscheln mit Wasser, das wir mit diesen Steinen erhitzen. Dann rupfen wir die Tiere raus, stecken sie auf diese Knochenspieße und garen sie im Feuer.«

»Jetzt leg los, erzähl uns von deiner Reise«, sagte Ipané, die sich als Frau erwiesen hatte. »Wir lieben hier Geschichten sehr.«

»Dann bist du also die Clanführerin?«

»Wenn für dich ›Führerin‹ diejenige ist, die ständig gebeten wird, Streitereien zu schlichten, tja, dann bin ich es, denn wenn wir hier eines nicht mögen, dann sind es Konflikte. Also dann, wird sind ganz Ohr!«

»Über meine Reise gibt es nichts zu sagen.«

Enttäuschtes Raunen ging durch das Publikum: Es war das erste Mal, dass ein Besuch ihnen keine Geschichte zu bieten hatte, die sie am Abend unterhielt und ihre Träume verschönerte ...

»Achtung, ich hab nicht gesagt, dass ich nichts zu erzählen habe!«, stellte Oli richtig. »Für mich bedeutsam ist nicht der Weg selbst: Ich bin ohne Eile am Fluss langgelaufen, hab viel gejagt, bin Menschen begegnet, aber weil ich nicht genau wusste, wie weit es von zu Hause bis zum Rand der Welt ist, hab ich mich nicht länger bei ihnen aufgehalten ... Ich könnte euch das alles haarklein erzählen, aber es ist nicht sehr interessant. Die Frage ist vielmehr: *Warum habe ich mich entschieden, die Meinen zu verlassen?«*

»Ja, warum bist du weggegangen?«, warf Dina begeistert ein.

»Über meine Sippe gäbe es viel zu sagen, aber die eine Geschichte enthält sie alle –«

»Dann raus damit!«, sagte Ipané ungeduldig.

»Wie viele seid ihr bei euch?«, warf der schöne Char dazwischen.

»Da sind meine beiden Onkel, meine Mutter. Ich hatte drei Schwestern, aber eine ist letzten Sommer beim Gebären gestorben, und ich habe zwei Brüder ... Das ist meine Familie. Dann gibt es noch vier in einer anderen Familie, die sich uns vor langer Zeit angeschlossen hat. Ein Junge und drei Mädchen. Und heute teilen wir uns elf Kinder.«

»Das macht es bestimmt kompliziert, wenn sich Männer und Frauen miteinander vergnügen wollen, oder?«

Dina schnaufte laut. »Das ist wirklich das Einzige, was dich interessiert! Hör auf, sie mit so dummen Fragen zu unterbrechen, sonst erfahren wir nie, warum sie von zu Hause weg ist!«

»Die Männer meiner Familie haben in der Hinsicht kein Problem; wenn sie nicht jagen, verbringen sie ihre Zeit damit, Erin, Idra und Arienne zu vögeln. Meine Schwestern Rava und Wilma und manchmal meine Mutter – Clara ist noch zu klein – konnten sich dagegen immer nur den aufs

Lager holen, den wir irgendwann alle den Spinner nannten. Er ist der einzige Mann in unserem Alter, der weder ein Bruder noch ein Onkel ist, und er besteigt sie ständig.«

»Der Spinner? Wieso das?«

»Weil er endlos braucht, um ein Feuer zu machen, einen Knoten zu binden, eine Spitze zu behauen ... Weil er nicht jagen kann und nicht sehr stark ist. Weil er zu nichts nutze und schwerfällig ist.«

»Ein guter Liebhaber sein bedeutet nicht, ein *Nichtsnutz* zu sein«, stellte Char klar. »So einen zu haben ist wichtig für die Harmonie in einer Sippe.«

»Halt die Schnauze und lass sie erzählen!«, unterbrach Absa, ein kleiner Dicker ohne Schultern, ihn rüde.

»Das muss er dir unter die Nase reiben, weil bei uns *er* der gute Liebhaber ist«, gluckste Dina.

Oli nickte. »Offenbar muss einer weder intelligent sein noch ein guter Jäger, um gut darin zu sein. Meine Schwestern meinten dauernd, ich soll es mal mit ihm versuchen, weil er echte Lust darauf hat, Genuss zu bereiten, und ich würde davon angeblich auch weniger aggressiv.«

»Hast du dich denn noch nie mit einem Mann vergnügt?«, hakte Char nach.

»Ich verstehe nicht, wie eine Lust auf jemand haben kann, den sie tagtäglich sieht, mit dem sie als Kind gespielt hat oder der sich an Züchtigungen beteiligt. Meine Schwester Wilma meinte, das ist ausschließlich eine Sache des Körpers. Man müsse ihn nur sprechen lassen. Aber dem Spinner hatte mein Körper nie was zu sagen, und meinen Brüdern oder Onkeln schon gar nicht. Wenn du's also wissen willst: Nein, ich fand es nie spaßig und erst recht nicht aufregend, meinen Körper mit dem eines Mannes zu vermengen.«

»Vielleicht hat dein Körper ja meinem etwas zu sagen. Wenn du willst, kann ich ihm sprechen beibringen und ihn sogar sehr gesprächig machen ...«

»Er kann's einfach nicht lassen!«, versetzte Dina gereizt.

»Du wirst dir einen Schlag einfangen wie ein Hengst, der hartnäckig eine Stute umkreist, die nicht will«, sagte Absa ironisch.

»Keine Sorge, ich werde ihn nicht schlagen; das Ganze heißt doch nur, dass jede Sippe ihren Spinner hat, mehr nicht. Und wo wir gerade dabei sind, meine Geschichte handelt genau davon. Und als ich erst entdeckt habe, was es für Folgen hat, wenn das Geschlecht eines Mannes in das einer Frau eindringt, versichere ich euch, dass mein Körper nie wieder irgendwem etwas zu sagen haben wird, bis er alt ist!«

»Gut, lass hören: Warum bist du nun von zu Hause weggegangen?«, seufzte Ipané.

»Gegenüber unserem Unterschlupf, in der Felswand am anderen Flussufer, liegt die Höhle der Ahnfrauen. Dort gehe ich oft hin, um von Streitigkeiten, Geburten, von der Jagd und von Erfindungen zu erzählen, aber auch, um Rat zu suchen, wenn ich nicht weiterweiß. Und ihr Rat war eindeutig: ›Geh fort von hier und erzähl weiter, was du erfahren hast.‹ Und weil ich schon lange den Rand der Welt sehen wollte, von dem ich meine Onkel so oft habe reden hören, bin ich in eure Richtung gelaufen.«

»Deine Ahnen haben zu dir gesprochen? Du hast in deiner Höhle Stimmen gehört, und die haben gesagt, du sollst herkommen und uns etwas mitteilen oder uns vor etwas warnen?«

»Ganz genau! Zunächst mal mache ich es beim Eintreten immer wie meine Mutter: Ich erkunde mit meiner Fettlampe jede einzelne Wand, verweile bei jedem Abdruck einer verstümmelten Hand, um meine Wut ordentlich zu schüren … Eine schöne rachsüchtige Wut.«

Offenstehende Münder, aufgerissene Augen: Sie hatte sie! Ihr Publikum mochte aus Jungen, Alten, Männern oder Frauen, selbst aus abweisenden Zuhörern bestehen – da Oli zum dritten Mal von ihrem Aufbruch berichtete, hatte sie ihre Erzählung so ausgefeilt, dass sie alle mitriss. Ihr Tonfall, ihre Stimme, der strategische Einsatz von Pausen, die Verwendung schockierender Bilder, alles war absichtsvoll gestaltet, um die Geschehnisse in ihrer Sippe in eine jener Geschichten zu verwandeln, die man so oft weitererzählt, bis man irgendwann nicht mehr weiß, wem man sie verdankt.

»Mir war immer bewusst, dass die Frauen, die ihre Handabdrücke auf dem Fels hinterlassen haben, mich weder hören noch mir antworten können, wenn ich sie besuche, denn sie sind alle schon lange tot. Es handelt sich also nicht um echte Stimmen, die man mit den Ohren hört, sondern um Präsenz. Um Zeichen. Und diese Zeichen haben mich dazu gebracht, Dinge zu tun …«

Sie stellte pantomimisch dar, wie diese unsichtbaren Wesenheiten sich um eine Miniaturausgabe ihrer selbst scharten … Wie sie ihre Energie auf sie übertrugen, damit sie handelte.

»Ich weiß nicht, konnte ich mich verständlich machen?«

Allgemeines Nicken: Ja, alle hatten verstanden.

»Solltet ihr eines Tages dort hinkommen, seht ihr gleich am Eingang zur zweiten Halle unten links den mit rotem Ocker umrandeten Abdruck meiner Kinderhand. Eine winzige verstümmelte Hand inmitten der unzähligen Handabdrücke von Frauen mit abgehackten Fingern, die die Wände bedecken. Ihr findet dort auch die Erwachsenenabdrücke von mir und meiner Schwester Wilma. Ältester Onkel hat ihr nur deshalb nicht die Finger abgehackt, weil sie das Behauen der Jagdwerkzeuge besser beherrschte als jeder andere. Andernfalls hätte er sich ausgetobt, denn ihr Humor war scharf wie ein Feuerstein, der bis zum Knochen schneidet. Da sind, wie gesagt, meine Erwachsenenhände. Zunächst die Linke, die mit abgehackten äußeren Gliedern an Ringfinger und kleinem Finger gewachsen ist. Guckt hier ... Ich kann euch sagen, es tut verdammt weh! Und am beeindruckendsten ist die Rechte, die ohne Daumen. Es ist die einzige rechte Hand in der Höhle, und ich habe sie schwarz umrandet und genau in der Mitte platziert, auf Augenhöhe, damit man sie auf keinen Fall übersieht. Auch die Hände unserer Mutter sind dort, sie hält den Rekord, was die von ihrem eigenen Onkel abgehackten Finger betrifft, weil sie dafür gekämpft hat, uns sechs Geschwister alle zu ernähren.«

»Ich würde die Leute hassen, die euch das angetan haben«, empörte sich Dina.

»Bei deinen Horrorgeschichten wird die Sippe den ganzen Sommer Albträume haben. Es wäre gut, wenn du zum Ende kommst«, unterbrach Ipané.

»Warum hackt man euch die Finger ab?« Alle anderen

im Kreis um Oli schlugen die Warnung ihrer Anführerin in den Wind und gierten nach mehr.

»Diese Verstümmelungen sind hauptsächlich Bestrafungen, wenn wir unsere Pflichten vernachlässigen, Fleisch stehlen oder trotz Verbots jagen. So ist das in meinem Clan, Frauen dürfen keine Tiere töten, egal welche. Sie dürfen nur fischen, weil den Männern Fisch als nicht mannhaft gilt. Fisch ist wie Gemüse oder Wurzeln: Ihn zu ernten ist völlig ungefährlich, folglich bringt es kein Prestige und ist uninteressant. In der Regel essen sie keinen.«

Betroffenes Raunen ging durch das Publikum.

»Die große Menge angesammelter Handabdrücke zeigt uns, dass die Frauen meiner Familie sich seit Generationen mit Vögeln und Kaninchen und den Resten vom Wildbret zufrieden geben, die die Männer ihnen freundlicherweise abgeben, nachdem sie die besten Stücke unter sich aufgeteilt haben. Und wenn es eine wie mich gibt, die dem Großwild nachstellen will, bestrafen sie sie dafür.«

»Na schön, aber wenn das die Botschaft ist, die deine Ahnen uns durch deine Stimme überbringen wollten, dann betrifft sie uns nicht! Hier werden niemandem die Finger abgehauen, und mit dem Meer haben wir so viel Nahrung, wie wir wollen, denn wir finden Fisch sehr lecker«, sagte Ipané. »Abgesehen davon: Ich persönlich jage. Und ich bin nicht die Einzige. Genauso wie es Männer gibt, die sich liebend gern um die Kinder kümmern, Häute schaben und Mahlzeiten zubereiten. Wer sich unserer Sippe anschließt, tut das, weil er oder sie sich darin wohlfühlt. Wir zwingen niemanden. Alle nach ihren Vorlieben, alle nach ihren Fähigkeiten, solange die Arbeit getan wird. Das Einzige, was hier verboten ist, ist Faulheit. Kurz gesagt scheint mir, dass es bei euch richtig übel zugeht, denn ich habe noch nie gehört, dass Menschen einander dermaßen schaden, und hier kommen eine Menge Leute durch.«

»Solange du innerhalb der eigenen Familie bleibst, denkst du, Schläge kassieren sei normal und du hättest es herausgefordert. Wäre ich nicht anderen Leuten begegnet, hätte ich weiterhin geglaubt, dass alle so leben wie wir. Alles wendete sich an dem Tag, als ich die weiße Frau auf die Jagd gehen sah. Ich hab sogar einen Tauschhandel mit denen aus ihrer Sippe gemacht.«

»Ach ja? Dabei sind die doch ganz schön seltsam ... Wir haben es probiert, aber nie etwas gefunden, das sie interessiert ... Wir haben versucht, ihnen Körbeflechten beizubringen. Ihre Kinder hatten ein bisschen Spaß daran, aber das war's. Und eines schönen Morgens gingen sie ohne Abschied fort. Später zogen mehrere ihrer Sippen auf dem Weg nach Norden an uns vorbei. Gleich da, vor den Dünen, aber ihr Blick blieb nicht an uns hängen, so wenig haben sie uns wahrgenommen. Und vor zwei Wintern sahen wir sie wieder. Sie jagten sogar neben uns, aber ohne jeden Kontakt; als wären wir ein Rudel Löwen oder Wölfe. Vollkommen gleichgültig. Sie sind aber auch so viel schneller, organisierter und zahlreicher ...«

»Als die weiße Frau zum ersten Mal mit mir sprach, als sie mich ansah, war das sehr verstörend, denn sie war dermaßen hässlich, ich hätte sie glatt für ein Tier halten können, nur dass ich in ihren Augen eindeutig sehen konnte, dass sie ein Mensch war. Wahrscheinlich geht es ihnen ähnlich, wenn sie uns vor sich haben.«

Ipané schaltete sich ein. »Eines Tages kamen ein paar von ihren Kindern und baten um Essen. Wir konnten ihnen nicht viel anbieten, weil wir alle an der erstickenden Krankheit litten. Sie gaben uns zu verstehen, dass sie Fleisch wollten, aber wir hatten nur unsere Vorräte an geräuchertem Fisch, den sie nicht wollten. Am Ende gab ich ihnen das bisschen gedörrte Ren, das wir noch hatten, damit sie aufhörten, ihre unerträglich spitzen Schreie auszustoßen, und sie trollten sich. Nach zehn Tagen mit starkem Halsweh und großer Schwäche verschwand die Krankheit und nahm einige von uns mit sich fort. Daraufhin suchten wir nach ihnen. Irgendwann fanden wir dann ihr Lager, obwohl es kein Feuer gab, um uns zu leiten. In ihrem Unterschlupf hinter den Ästen lagen eine Menge aufgehäufte Leichen, die man ohne Bestattung zurückgelassen hatte. Nur ein kleines Kind war übrig, es hing noch an der Brust seiner Mutter, und Dina versuchte es zu stillen, aber es bekam so schwer Luft, dass es am Ende ebenfalls erstickte. Sie wurden wohl vom gleichen Übel heimgesucht wie wir, nur hat es sich in ihren Körpern festgebissen und sie alle hinweggerafft. Die paar Kinder, die überlebt und denen wir zu essen gegeben hatten, waren geflohen, sie ließen alles zurück, sogar die Häute der Tiere, die ihre Eltern erlegt hatten. Es gab dort einen ganzen Haufen schöner, bereits geschabter Felle, aus denen wir uns die Hemden genäht haben, die wir tragen.«

»Als ich dieses Kind an mich drückte, dachte ich ...« Der Blick der jungen Frau verlor sich. »Wenn sie klein sind, ähneln sie bis auf ihre Farbe, ihren Geruch und ihre Kopfform unseren eigenen Kindern«, erklärte Dina.

Ipané fuhr fort. »Menschen wie wir – mit unserer haarlosen schwarzen Haut, unserem runden Schädel und unserer großen Statur, die alle mit den gleichen Worten sprechen – wir müssen ein und derselben Sippe entstammen, die eines Tages von irgendwo aufgebrochen ist, wo es weniger kalt ist als hier und wo man seinen Körper nicht mit Tierhäuten bedecken muss. Unsere Ahnen sind wohl einst einer riesigen Mammutherde gefolgt, wurden aber vom Winter überrascht, alle ihre Spuren vom Schnee zugedeckt, und sie fanden den Rückweg nicht. Denn wenn man die Anderen bei Frost obenrum nackt herumlaufen sieht, mit ihrem stämmigen Körper, der beim Rennen dampft, ihren Augen, die aus der Stirn ragende Knochen vor Regen schützen, dann muss man nicht besonders gescheit sein, um zu erkennen, dass wir im Gegensatz zu ihnen nicht für diese Kälte gemacht und dass *wir* hier die Fremden sind. Die Anderen sind Teil dieser Welt, während wir uns in ihr verirrt haben.«

»Du hast recht«, sagte Oli, angetan von dieser Beweisführung. »Sie frieren nie, wohingegen wir die ganze Zeit Kleidung tragen müssen. Dieses Land, in dem man sein Hemd ablegen kann, muss in Richtung der Sonne liegen. Ich werde meine Reise dorthin fortsetzen.«

»Weiterhin allein?«, mischte Char sich ein.

»Im Moment passt es mir so. Seit ich die Meinen verlassen habe, bin ich so sehr *ich* wie noch nie; einfach lebendig und frei im Fluss der Tage und im Lauf meiner Schritte. Und mir gefällt es sehr, *ich zu sein*!«

»Mir gefällt auch, dass du du bist. Denn wenn du lächelst, sieht es aus, als ob die Luft um dich herum sich aufhellt.«

Prompt runzelte Oli verlegen die Stirn und räusperte sich. »Mit *ich sein* meine ich, dass ich niemanden brauche; vor allem keinen, der mir sagt, was ich tun oder lassen soll. Wenn ich bei der Jagd, beim Aufschlagen meines Lagers und beim Unterhalten meines Feuers gewissenhaft und vorausschauend bin, gehorche ich nur einem Meister, dem strengsten von allen, und das bin ich selbst! Du hast gefragt, welche Sorte Mann mir gefällt; na gut, hier ist meine Antwort: ein Mann, der zu einer vollständigen Frau passen würde. Jemand Nutzloses also. Du siehst, deine Frage ist sinnlos.«

»Ts-ts-ts«, machte Char mit einer Selbstgefälligkeit, die sie endgültig verwirrte.

Ipané ging dazwischen. »So, jetzt reicht's mit dem Gebalze! Zeig uns lieber die Magie, die du mit dir herumträgst und durch die du dich so stark fühlst.«

»Magie ... Welche Magie?«

»Ich habe verstanden, dass es in deiner Sippe nicht immer lustig zugeht, aber deswegen ganz allein in die Welt auszuziehen ... Wir haben noch nie erlebt, dass eine einzelne Person es bis hierher geschafft hat, und dann kommst du mit deiner Geschichte von der Höhle der abgehackten Finger ... Wie ist es dir gelungen, zu überleben, wenn du von so weit her kommst? Wie hast du gejagt, um zu essen? Und dein Löwengewand, wie hast du dir das beschafft? Und diese merkwürdigen Speere? Was verbirgst du vor uns?«

Unwillkürlich fuhr Oli mit den Fingern über die Speerschleuder, die sie der Sippe gegenüber als Schema ihrer Reise durchs Binnenland ausgegeben hatte.

Die alte Frau fing an, völlig ungeniert ihre Sachen zu durchsuchen.

»Mach nur, wenn du willst, du wirst nichts finden, denn es gibt nichts zu finden! Meine zwei Speere, ein paar zusammengerollte Häute, mein Schlagstein zum Behauen meiner Spitzen, meine Fettlampe, meine Stöcke, mein ausgehöhlter Stein und mein Bohrbogen zum Feuermachen. Der Rentierknochen, den ich euch gezeigt habe, mit den Kerben für meine Tagesmärsche, ein paar durchbohrte Nadeln für meine Kleidung und mein Feuersteinmesser. Das ist alles!«

»Und das da, was ist das in dem Beutel? Ist das deine Magie?«

»Nein, das sind meine Steine, die Geschichten erzählen, und meine Werkzeuge: mein Schaber und mein Faustkeil.«

Ipané schnappte sich den Beutel und kippte ihn aus: Steine in allerhand Farben und Formen kullerten zu Boden.

Oli hob einen auf. »Wenn man sie so sieht, wirken sie wie ein Haufen staubiger Kiesel, aber sie sind sehr viel mehr. Dieser blauweiße Stein zum Beispiel. Schaut her! Damit er so glänzt, habe ich ihn lange mit einer feinen Haut abgerieben. Seht ihr, hier, auf seiner Schnittfläche: Das hat was von einem Fluss mit verstreuten kleinen Bäumen am Ufer, und weiter hinten die Felswand mit Schnee obendrauf. Guckt es euch an, das ist mein Zuhause! Legt diesen Stein in eure Handfläche und betrachtet ihn … Ihr seht die Tage, die sich aneinanderreihen, immer gleich, so wie alles, was sich euch aufdrängt, wenn ihr aus der Hütte tretet: der Fluss, die Bäume, die Felswand. Der kalte Regen, der Schnee, die Sonne, die Ebene im Winter … Stellt euch vor, wie in alldem Rentier- und Auerochsherden vorüberziehen, gefolgt von den Löwen ... Die Zeit verrinnt, aber da sind immer noch diese Felswand und dieser Fluss, gleichgültig gegenüber allem, was euch widerfährt. Eines Tages, vor allem wenn eure Ahnen euch befehlen zu gehen, seht ihr euch um und macht es wie ich: Ihr reißt euch von dort los!«

Während der Bildstein unter entzücktem Raunen von Hand zu Hand ging, hob sie die beiden Faustkeile auf, die ihre Schwester gefertigt hatte.

»Schaut euch ruhig meine Werkzeuge an ... Alle Welt kann Stein bearbeiten, aber etwas so Schönes erschaffen – nein! Meine Schwester Wilma hat diesen Faustkeil behauen. Sogar ihre Hände waren intelligent! Habt ihr gesehen, wie dünn er ist? Wie das Blatt von einem Baum. Und diese Schneide? Die kleinen Zacken an den Kanten? Diese Perfektion erreicht man, wenn man den Stein erhitzt und mit einem weichen Schlaggerät bearbeitet, und die Idee dazu kam ihr, als sie beobachtete, wie die Sonne Eis zum Schmelzen brachte. Und mein Schaber? Nehmt ihn mal zwischen eure Finger. Auf den ersten Blick hat er nichts Besonderes an sich, außer dass sie ihn speziell für meine linke Hand gefertigt hat. Es gibt eine Mulde für jeden meiner vier Finger, auch für die zwei letzten, denen ein Glied fehlt und für die sie so was gestaltet hat wie Kuhlen mit Stopper, damit ich meine ganze Kraft einsetzen kann, ohne abzurutschen. Ihr müsst wissen, dass ich anders als die meisten Leute meinen Speer mit dieser Hand halte. Ein Glück, dass das außer ihr niemand bemerkt hat, als Ältester Onkel mir den rechten Daumen abhackte.«

Die Werkzeuge wurden ebenfalls herumgereicht.

»Dieser Schaber ist mein Lieblingsstück, weil sie lange nach einem Stein gesucht hat, der genau zur Farbe meiner Haut passt. Als sie ihn fertig behauen hatte, nahm sie ihn zwischen Daumen und Zeigefinger und besah sich ihn ein letztes Mal gründlich, um sich zu vergewissern, dass er perfekt war, dann lächelte sie, weil sie zufrieden war mit dem, was sie vollbracht hatte.«

»Man spürt wirklich, dass er für deine Hand gemacht ist«, sagte Dina und streichelte zärtlich über das kleine Werkzeug.

»Ich sage es euch, meine Steine erzählen Geschichten ... Sie gleiten durch die Zeit und sind nicht vergänglich wie wir. Wenn alle Menschen, denen ich im Leben begegnet bin, ihre Kinder und die Kinder ihrer Kinder einmal tot sind, werden die Steine immer noch da sein, unverändert, und ihre Geschichte in sich tragen. Und wenn dieser Schaber so alt ist wie ein Berg und eine Person, die weniger dumm ist als manch andere, ihn in die Hand nimmt, wird sie mit ihren Fingern vielleicht die Einbuchtungen erspüren und verstehen, dass jemand sehr Begabtes ihn für eine verstümmelte Hand behauen hat. Und womöglich erahnt sie Wilmas typisches zufriedenes Lächeln, wenn sie das Gefühl hatte, eine schöne Arbeit gemacht zu haben.«

Ein Schluchzer, der wie eine große Blase in ihrer Kehle hochstieg, überrumpelte sie. Zum Glück fiel es niemandem auf.

»Weiter!«

»Damit ihr meine Geschichte richtig versteht, muss ich euch von Ältestem Onkel erzählen. Er ist der Bruder meiner Mutter. In meiner Sippe nennt sich der älteste Mann immer ›Ältester Onkel‹. Stirbt er, übernimmt sein nächstjüngerer Bruder diesen Namen. Lothar, mein älterer Bruder, wird für die Kleinen eines Tages ›Ältester Onkel‹ sein, wenn die Generation davor nicht mehr sein wird. Wie ihr sicher verstanden habt, ist Ältester Onkel unser Anführer. Während bei euch die Anführerin die ist, die Streit schlichten kann, ist es bei uns der, der eiserne Regeln durchsetzt, damit die Welt nicht im Chaos versinkt. Jede Sippe, die ich getroffen habe, handhabt diese Dinge anders, und bei uns ist es eben so!«

»Was ist Chaos?«

»Wenn alles ins Wanken gerät. Die Welt auseinanderfällt. Die Sonne verlöscht. Und so sähe das aus.«

Sie nahm einen Stein aus ihrer Sammlung: einen zweifarbigen Jaspisbruch, der eine trostlose Erde darstellte, überdacht von einem düsteren Himmel; eine tote Welt, die die Hoffnung selbst verlassen hat.

»Ältester Onkel sprach ständig davon, aber ich sagte mir immer, dass das eine Erfindung ist, um uns Angst einzujagen und gefügig zu machen.«

»Ist es möglich, dass so was passiert?«, fragte Dina besorgt und hielt den Stein zwischen Daumen und Zeigefinger Ipané hin.

»Ich weiß es nicht. Wenn es diesen Stein gibt, dann vielleicht deshalb, weil es am Beginn der Zeit so war oder weil es eines Tages so sein wird, aber im Moment ist die Welt eher grün und voller Licht, mit Tieren, die überall herumlaufen.«

Als Nächstes schnappte Oli sich einen würfelförmigen Stein und legte ihn auf ihre Handfläche. »Seht alle her!

Sämtliche Linien dieses Steins sind gerade und perfekt. Eine solche Form gibt es nirgends bei den Tieren und Pflanzen. Wenn ich meine Hand neige ... so ... verhindern seine flachen Seiten, dass er wegrollt, was ihn zu einem unglaublich standfesten Ding macht. Hinzu kommt: Egal von welcher Seite ihr ihn betrachtet, er sieht immer gleich aus. Hier, nehmt ihn mal in die Hand ... Seine Form ist streng. Sie entspricht einer erzwungen geraden Linie – das Gegenteil von Leben, das sich seinen Weg wählt. Das gibt dir das Gefühl, du müsstest alles, was vielleicht herausragt, mit Schlägen wieder hineintreiben. Als ich ihn in einer Höhle vom Boden aufgesammelt habe, dachte ich: Wären Menschen Schnecken, und man müsste Häuser für sie auswählen, um ihr Inneres zu schützen, dann wäre dieser Stein das Schneckenhaus von Ältestem Onkel. Etwas wie mit dem Knüppel Geformtes. Ältester Onkel hatte eine Besonderheit, denn egal was er sagte, irgendwann kam er immer auf den Tod zu sprechen. Er gab Sätze von sich wie: ›Sterben ist wie hoch oben von einer Klippe stürzen und den Boden auf sich zurasen sehen: Man weiß, man wird zerschmettert, kann aber nichts tun, um es zu verhindern.‹ Ich glaube, er fürchtete sich sehr davor.«

An dieser Stelle mischte sich ein kleiner Junge ein, der auch bemerkenswerte Steine liebte, so wie sie. »Ich muss einen finden, der mich an den Strand erinnert, damit ich ihn im Winter anschauen kann, wenn ich nicht mehr hier bin.«

»Planvolle Treibjagd klappt vielleicht beim Wild, bei Steinen eher nicht«, scherzte sie. »Vielleicht findest du ihn nie, oder sehr weit weg von hier. Oder vielleicht stoße *ich* eines Tages darauf, in sehr ferner Zeit, wenn ich alt bin. Dann werde ich mich daran erinnern, was ich bei euch erlebt habe. Oder vielleicht findest *du* ihn, wenn du uralt bist, und erinnerst dich an dieses Gespräch. Und fragst dich dann, ob auch ich meinen Stein gefunden habe ... Steine erzählen so viel!«

Der Kleine lauschte ihr mit offenem Mund. »Und diese da, sind die stumm?«, fragte er und betastete die, die noch im Beutel waren.

»Zunächst mal: Wenn du einen Stein am Boden auswählst, dann, weil er zu dir spricht. Danach erzählst du den anderen, was du darin siehst, aber oft bleibt er für sie einfach nur ein Stein. Alle diese da enthalten Eindrücke, die nicht leicht zu vermitteln sind. Der hier zum Beispiel mit seinem weißen Fleck wie Milch erinnert mich an das makellose Weiß im Auge eines Riesenhirschs, den ich aus allernächster Nähe gesehen und erlegt habe. Der andere hier an die Undurchdringlichkeit einer Nacht mit ihrem schmutzig gelben Mond; ein schrecklicher Moment, in dem ich wirklich Angst hatte. Der da an einen nebligen Morgen, als die Kälte überall in unsere Kleider drang und es nicht mehr die geringste Farbe gab; sogar die Sonne war grau geworden. Und der orange hier ist der Sommer. Wenn ich im Winter friere, schaue ich ihn an und irgendwie wärmt er mich, indem er mich an die Sonne erinnert. Der rote mit den weißen Adern hat die gleiche beruhigende Wirkung auf mich, wenn ich hungrig bin. Mein Bruder hat mal reingebissen, weil er glaubte, es sei ein großes Stück Fleisch, und sich die Zähne daran abgebrochen. Und diesen kleinen Kiesel habe ich vor nicht allzu langer

Zeit aufgelesen, weil er genau die Farbe des Neugeborenen hat, das meine Schwester Rava zur Überraschung aller zur Welt gebracht hat, aber da muss ich in meiner Geschichte fortfahren …«

»Ja, ja«, rief Dina, »los, erzähl weiter!«

Zwischen den beiden Oberschenkelknochen der auf dem Rücken liegenden Frau: ein Häufchen aus einem Dutzend Steinen unterschiedlicher Form und Größe vom Typ Jaspis, Feuerstein, Marmor, Achat, Fluorit und Quarz ... Diese Steine wurden nicht wegen ihres Gebrauchswerts zusammengetragen, denn unbehauen, wie sie sind, haben sie keinen.

Worum handelt es sich dann?

Das Sammeln bemerkenswerter Naturobjekte geht zurück bis zum Ursprung des ästhetischen Empfindens und markiert lange vor den Felsenfresken das Aufkommen symbolischen Denkens. Man denkt sofort an den Stein von Makapansgat: ein kleiner, 260 Gramm schwerer Kiesel, der an ein menschliches Gesicht denken lässt und mit den Überresten eines Australopithecus africanus von vor drei Millionen Jahren in Verbindung steht. Solche Steine, Fossilien, Muscheln sowie andere Objekte, die im Laufe der Zeit vergangen sind, etwa Äste mit gewundenen Formen, hat André Leroi-Gourhan als »curios« bezeichnet – Objekte, die um ihrer Form willen verdienen aufgelesen zu werden. Eine Anhäufung wie diese wurde bereits an der Neandertaler-Ausgrabungsstätte von Arcy-sur-Cure entdeckt: Es handelt sich um eine Sammlung.

Hier sind es bemerkenswerte Steine, die jemand zusammengetragen und in einen Beutel gesteckt haben könnte. Das Sammeln von in der Natur gefundenen Objekten, die für die Person im Moment des Auflesens mit einer Geschichte verknüpft sind, ist eine Möglichkeit – um Roger Caillois zu zitieren –, Stücke der Zeit einzusperren, sich die Welt im Kleinformat anzueignen, aber auch das Chaos zu zähmen. Der Versuch, etwas zu verstehen, läuft immer darauf hinaus, es in die Hand zu nehmen; es zu erfassen, zu begreifen.

Wir können noch weiter gehen und behaupten, dass das Sammeln dem Menschen eigen ist: eine Möglichkeit, die eigene Beziehung zur Welt symbolisch zu archivieren.

Dazu sei angemerkt, dass die anthropologische Literatur voller Geschichten über Steine ist. In den meisten traditionellen Gesellschaften betrachtet man sie nicht als träge, passive Materie bar jeder Lebenskraft oder Absicht, nicht selten werden ihnen ähnliche Eigenschaften zugeschrieben wie Lebewesen oder göttlichen Mächten.

Was bedeuteten sie für diese Frau, die vor 35 000 Jahren lebte? Sah sie darin das Gleiche wie wir?

Einer der Steine, aus rotem Marmor mit weißer Äderung, ähnelt zum Verwechseln einem Stück Fleisch. Ein geschnittener Achat beschwört eine Küstenlandschaft herauf. Wieder ein anderer die von Felswänden umgebene Steppe, als wäre das Farbfoto eines eiszeitlichen Tals bis zu uns gelangt. Ein Feuersteinabschlag zeigt einen Nebelhimmel, der jede Farbe verloren hat. Ein Jaspis-Bruchstein das Ende der Zeit wie im Roman »Die Straße« von Cormac McCarthy, der eine verwüstete Welt schildert …

Wie dem auch sei: Diejenigen, die das Grab ausgestattet haben, hielten es jedenfalls für wichtig, dass die Sammlung die Verstorbene über den Tod hinaus begleitet, als gehörte der diesen Steinen zukommende Sinn ihr allein.

»Nachdem Wilma beim Gebären gestorben war, verging mir die Lust an allem. Wenn ich aus der Hütte trat, hatte ich vor Augen, was ihr auf meinem Stein gesehen habt: den Fluss, die schneebedeckte Felswand und die verstreuten kleinen Bäume … Immer die gleiche Aussicht, die gleiche Kulisse. Ich litt wie verrückt, aber dem Fels war das egal, und so zerfaserten die Tage endlos und traurig bis zum Ende des Winters …

Und dann wurde Ravas Kleines geboren. Rava ist meine andere Schwester, die zwei Jahre jünger ist und trotzdem schon zwei Kinder hat. Sie hat eine Eigenart, nämlich, dass sie sich für ihr Leben gern mit dem Spinner vergnügt. Sie ist unersättlich und weckt mich nachts ständig mit ihrem Stöhnen und den dazugehörigen Matschgeräuschen. Als der Schock über Wilmas Tod verdaut war, fing die Sippe an, über den Tag zu reden, den man bei den Weißen verbracht hatte. Dabei erfuhr ich, dass Rava sich auf einen von ihnen gestürzt hatte. Und nach neun Mondzyklen, im späten Frühling, passierte etwas Unglaubliches: Das Kind, das sie zur Welt brachte, hatte Haut in der Farbe dieses Steins, eine Mischung aus Schwarz und Weiß, und vor allem hatte es deren komischen Kopf. Und in diesem Moment begriffen wir.«

Stille. Offene Münder.

Oli holte Luft und preschte voran. »Hört gut zu, Mädchen: Das Leben kommt nicht von selbst in eure Bäuche, weil das angeblich Teil eines Zyklus ist, so wie die

Blutungen, wie uns Brüste wachsen oder sich die Taille formt ... Das Leben wächst nicht in uns, weil wir Frauen sind und die Zeit gekommen ist, denn ich bin auch eine Frau, und mir ist das nie passiert. Verantwortlich dafür ist das Geschlecht des Mannes. Ihr Geschlecht beschert uns Kinder. Ihr werdet sagen: ›Wie kannst du dir da sicher sein?‹ Nach so langer Schwangerschaft und nachdem man den Winter überlebt hat, wie lässt sich da die Frage beantworten: Mit wem habe ich mich neun Mondzyklen zuvor vergnügt? Vor allem, wenn man viele Leute trifft oder den lieben langen Tag vögelt. Wie können wir uns einer Sache sicher sein, die für uns unsichtbar ist, weil sie sich versteckt in unseren Bäuchen abspielt? Und trotzdem ist es so!« Sie zeigte anklagend auf Char.

»Jetzt warte mal ...«

»Lass sie reden!«, sagte Dina gebannt.

»Wenn ihr in uns eingedrungen seid und aus eurem Geschlecht plötzlich diesen weißen Saft ausstoßt, legt ihr Leben in uns ab. Das ist die Erklärung. Das ist der Grund, warum ich, die ich die mir angebotenen Männer nie wollte, auch nie ein Kind bekommen habe – im Gegensatz zu meinen Schwestern Rava und Wilma, die haben vier geboren, die wie der Spinner aussehen, und eins mit dem Schädel von einem dieser schauderbaren Fremden. Auf Daïno, Lothar, Issa und Ältesten Onkel verteilen sich die neun Kinder, die die drei Frauen der anderen Familie hervorgebracht haben. Zwei starben vor der Geburt, aber die sieben übrigen weisen ebenfalls Ähnlichkeiten auf, vor allem ein kleiner Junge, der genau aussieht wie mein Zwillingsbruder in seinem Alter.«

Diese Enthüllung führte in der Strandsippe zu unglaublichem Tumult, jede und jeder wollte einen Kommentar abgeben, eine Anekdote teilen oder eine Ähnlichkeit ins Feld führen. Oli stellte wieder einmal fest, welche Macht eine gute Geschichte über ein Publikum hat: Irgendwann ist das Licht, das sie ausstrahlt, so hell, dass es jeden Geist blendet, selbst den ungläubigsten.

Spontan bildete sich um Absa, den kleinen Dicken, eine Gruppe besorgter und unzufriedener Männer.

Oli erhob die Stimme, um den Lärm zu übertönen. »Ja ... Ja ... Auf uns hatte es die gleiche Wirkung: als würde man in einer stockdunklen Höhle tastend nach dem Ausgang suchen, und plötzlich lodert eine Fackel auf, die erst blendet und uns dann den Weg weist.«

»In meiner alten Sippe gab es mehrere Personen mit hellerer Haut wie beim Kind deiner Schwester, aber wir dachten, das liegt am Vollmond«, bemerkte Dina.

»Rava glaubte das auch, aber nein, daran liegt es nicht.«

Ipané in ihrer Ecke murmelte: »Also darum habe ich Char bekommen, obwohl ich nur ein Mal versuchshalber mit einem Mann gegangen bin ...«

»Ach ja? Wer war das?«, erkundigte Char sich neugierig.

»Einer von diesen Spinnern, die beim Anblick des Meeres zu schreien anfangen. Es passierte einfach so, zwischen zwei Dünen. Keine Ahnung, was mich geritten hat. Ich erinnere mich nicht mal, wie er aussah.«

Völlig im Bann ihrer Geschichte, fuhr Oli noch ungestümer fort. »Als ich begriff, wie die Kinder gemacht werden, lief ich schnurstracks zur Höhle der Ahnfrauen, um ihnen davon zu berichten. Normalerweise kam ich mit einer einzelnen Fettlampe und ging von Handabdruck zu Handabdruck, wie es das Ritual verlangt. Ich spürte immer, dass jede Hand mich vor etwas warnen wollte, aber ich verstand nicht, was sie sagten, denn sie sprachen zu leise, um sie zu hören. Weil ich das Ereignis feiern und sie alle an dieser außerordentlichen Entdeckung teilhaben lassen wollte, brachte ich an diesem Tag mehrere Lampen mit; tatsächlich alle Fettlampen, die ich rund um die Hütten auftreiben konnte. Ich zündete sie alle auf einmal an, bis die Höhle vollkommen erleuchtet war: Daraufhin erschienen mir alle Hände gleichzeitig. Und weil sie ihre Stimmen vereinten, hörte und verstand ich sie endlich! Wehe, wenn Ältester Onkel erfuhr, dass Sex die Kinder erschafft – dass er eigene Kinder hatte, die nicht die der anderen waren … Man musste nur die Wände der Höhle sehen, die unzähligen Finger, die Frauen jeden Alters von den Männern meiner Sippe abgehackt wurden, und bekam einen Vorgeschmack davon, was uns bevorstand. Die Stimmen warnten mich: Wenn wir die Männer abwiesen, wäre diese Weigerung, uns von ihrem Geschlecht penetrieren zu lassen, in ihren Augen ein schrecklicher Ungehorsam, der sehr viel grausamere Strafen nach sich ziehen würde als alle, die sie uns schon zufügten. Eine Frau, die sich nicht damit begnügte, immer beim selben Mann zu bleiben, einfach weil sie Spaß an der Lust hatte, würde fortan im Verdacht stehen, das Kind eines anderen zu gebären. Auch sie würde bestraft werden, wenn man sie nicht gleich wegsperrte, ihr die Füße abhackte, damit sie nicht aus der Hütte konnte, oder ihr das Geschlecht zunähte, damit sie nicht in Versuchung kam, sich mit wem auch immer zu vergnügen, sobald der

Mann, dem Ältester Onkel sie zugewiesen hatte, das Lager verließ.«

Ein entsetzter Aufschrei entrang sich dem Publikum.

»So ein Unsinn!«, sagte Ipané, zugleich beeindruckt und sehr unzufrieden mit der Wendung, die Olis Geschichte nahm.

Oli ereiferte sich noch mehr, die Stimme zornbebend. »Genau so kommt es, so sicher, wie der Stein zu Boden fällt, wenn man ihn loslässt! Und wisst ihr, warum? Weil ihnen unseren Körper zu verweigern bedeutet, ihnen einen Sohn vorzuenthalten. Einen Sohn, der ihnen ermöglicht, den Tod zu überdauern, indem er ihre Kleidung und ihren Schmuck trägt, ihre Speere und ihren Namen. Was die Mädchen angeht, die das Pech haben, aus diesen Paarungen hervorzugehen: Weil sie nutzlos für sie sind, schaffen sie sie sich entweder vom Hals, so wie Rava ihr armes schlammfarbenes Kind sterben ließ, oder sie tauschen sie bei den Sippen, denen sie begegnen, gegen nützliche Dinge ein. Schlimmer noch: Sie geben sie irgendwelchen alten Männern als Ersatz für deren von Fronarbeit und Geburten allzu verbrauchte Frauen, damit sie sich weiter potent fühlen, indem sie neue Kinder machen. Und dazu dann immer die gleiche Leier: Die Ordnung der Welt will es so, alles andere würde sie ins Chaos stürzen. Es braucht dringend ein Wort, um diesen Unglücksregen, der auf uns niedergehen wird, zu benennen, aber mir fällt keins ein.«

»Also der ist noch nicht geboren, der mich in ein Ding verwandelt, das man einander zuschiebt!«, verkündete Dina drohend an die Männer in der Runde gerichtet.

»Ja, das ist es, du hast recht! Ein Ding! Ein Gerät! Ein

Frau-Gerät, das, einmal schwanger, ihre Söhne produziert und ernährt. Es geht kaputt, wenn sie beim Gebären stirbt, oder wird stumpf, wenn sie stillt, selbst wenn es nichts zu essen gibt. Die Männer werden diese Mädchengeräte ungefragt unter sich aufteilen, um sicher zu sein, wer wessen Kind austrägt. Bei uns hieß das Rava und der Spinner. Für Daïno, Issa, Lothar und Ältesten Onkel gab es Idra, Erin und Arienne, also fehlte eine, denn meine Mutter war zu alt zum Kinderkriegen und Clara zu jung … Blieb also nur ich als Fressen für den Anführer … Das war es, was mir die Hände an den Wänden die ganze Zeit klarmachen wollten. Alle gemeinsam drängten sie mich zur Flucht, schnell, ehe Ältester Onkel über mich herfiel und mich mit Gewalt nahm, mich, die das Geschlecht eines Mannes nie auch nur berührt hat. Ich trat aus der Höhle, und da war er, schwitzend, keuchend, mit den glänzenden Augen eines brünstigen Tiers …« Sie hielt einen Moment inne, um Atem zu schöpfen. »Da habe ich meinen Speer in seiner Brust versenkt.«

Stille.

Da sie sich aufgehoben fühlte, erzählte sie ihre Geschichte zum ersten Mal zu Ende. Bei den anderen Sippen, denen sie auf ihrem Weg begegnet war, hatte sie bei »Die Ahnfrauen haben gesagt, ich soll fortgehen« aufgehört. Aber jetzt, als sie den Mord an Ältestem Onkel heraufbeschwor, erkannte sie im selben Moment, dass sie diese liebenswürdigen Leute gegen ihren Willen in die dunklen Gefilde von Gewalt und Blut geführt hatte, wo Menschen andere Menschen töten.

Ein verwirrtes Geschrei erhob sich, ihr Publikum wusste nicht, wie umgehen mit dieser schwindelerregenden Allmächtigkeit.

»Erzähl uns ganz genau, wie es passiert ist«, verlangte Dina halb ablehnend, halb fasziniert.

»Ehrlich, ich weiß es nicht mehr. Ich hab ihm den Speer verpasst, weil es das Einzige war, was ich tun konnte. Etwas so Widerliches wie sein Geschlecht, das in mich eindringt, und seine Hände, die mich überall anfassen, hätte ich nie überlebt.«

»Aber was dann? Erzähl mehr! Spritzte Blut aus seiner Brust? Hat er geschrien? Bekam er einen Ständer?«

»Ich bin nicht dageblieben, um es mir anzusehen, ich bin weggerannt.«

Das war gelogen, sie erinnerte sich sehr gut, allerdings war es, als hätte ihr Verstand ausgewählt, was wichtig war an diesem Kampf auf Leben und Tod, und nur bestimmte Bilder bewahrt, die unmöglich zu beschreiben waren. Sein verblüfftes, ungläubiges Gesicht, als der Speer durch die Luft auf ihn zuschoss ... Wie seine Augen auf die Fiederung des Speers schielten, der aus seiner Brust ragte ... Sein in Empörung und Überraschung erstarrter Mund, der offen stand wie bei einer Forelle.

Das Männergrüppchen, das sich um Absa gebildet hatte, nutzte die von der Enthüllung ausgelöste Schockwelle, um sich aus dem Kreis um Oli zu lösen und etwas abseits das Gehörte zu erörtern.

»Ich habe euch vorher gesagt, dass meine Geschichte von Sex handelt. Und da wir ein Kind, sobald es in unseren Bäuchen zu wachsen beginnt, nicht mehr loswerden können – wenn wir Lust auf etwas anderes haben, als es auszutragen und zu stillen, bis es Zähne hat, dann halten wir uns besser von den Männern fern. Das ist meine Schlussfolgerung!«

Als Repräsentant der Männergruppe riss der kleine Dicke das Wort an sich. »Was denn noch! Schlimm genug, dass die Mädchen immer die Gleichen wählen, obwohl wir alle zur Verfügung stehen. In dieser Sippe sind wir insgesamt siebzehn, und gerade mal sechs davon interessieren sie. Sechs! Wenn wir anderen vögeln wollen, haben wir einen schweren Stand.« An Ipané gewandt: »Du bist unsere Anführerin, du musst eine Lösung finden. Wir können uns nicht länger von ihrem guten Willen abhängig machen. Ich will eine eigene Frau, damit sie mir Söhne schenkt!«

Dina stand auf, ihr Kind wie einen Schutzschild an sich gepresst, und pöbelte los. »Was verlangst du da? Das Recht, einem armen Mädchen mit deiner dreckigen Visage das Leben zu versauen, oder was?«

Er holte aus, aber die Anwesenheit des Kindes bremste ihn.

»Willst du mich jetzt schon schlagen?«

»Du hast kein Recht, mich zu beleidigen.«

»Und du keins, was auch immer zu fordern. ›Eine eigene Frau‹. Wofür hältst du dich?«

»Ihr seid lächerlich. Hört auf, euch anzubrüllen!«, versuchte Ipané dazwischenzukommen.

Absa ließ nicht locker. »Nicht genug, dass die uns unsere Nachkommen vorenthalten wollen, dann erdreisten sie sich auch noch, mit dem Speer auf uns loszugehen!«

Das brachte Dina erst richtig in Rage. »*Ich* such mir aus, mit wem ich mich vergnügen will. Du reizt mich nicht, Absa, ist einfach so! Du auch nicht! Und du noch weniger! Eure Hände auf mir ... Euer Geschlecht in meinem ... Kommt nicht in Frage, nicht einen einzigen Augenblick! Igitt!«

Alle Frauen standen auf und schlossen sich um sie zu einem Block zusammen, der sich Absas Gruppe entgegenstellte.

»Du gehst zu weit!«

Außer sich schrie sie: »Was wollt ihr mit uns machen? Uns zwingen? Natürlich stechen wir euch dann am Ende ab!«

»Jetzt reißt euch mal zusammen! Eure Körper gehören genauso der Sippe wie unser Geschick bei der Jagd und unsere Kraft zum Tragen des Wilds. Wir haben alle das Recht, den Tod zu überdauern.«

Einer trat vor und packte herrisch eine Frau, woraufhin er sich eine gewaltige Ohrfeige fing.

»Du hast mich geschlagen!«, rief er überrascht.

»Du fasst mich nicht an!«

»Es ist mein Recht!«

»Dein *Recht*?« Ihre Stimme überschlug sich. »Wie kommst du darauf, das wäre dein Recht? Glaubst du, ich hab Lust, ein Kind mit deinem Eulengesicht auszutragen? Und dann zu stillen? Lieber krepier ich!«

»Mein Bauch gehört mir!«, verkündete eine besonders inspirierte Frau.

»Nein, er gehört der Sippe!«, gaben Absas Anhänger unisono zurück.

Eine andere schnauzte: »Ich persönlich gehe selber jagen und trage das Wild auf meinen Schultern nach Hause. Wollt ihr mich auch zwingen? Versucht es doch mal«, höhnte sie, dann brachte sie den Eulengesichtigen mit einem Tritt in die Beine zu Fall. »Los, mach schon, ich warte auf dich. Hol ihn raus, deinen Schwanz! Mal sehen, ob ich dein fügsames Gerät bin!«

Die Frauen verspotteten den armen Mann am Boden, der sich ungeschickt aufzurappeln versuchte.

»Mädchen, Mädchen, beruhigt euch. Warum probiert ihr nicht mal, euch auf das jeweils Schönste und Beste bei ihnen zu konzentrieren ... Was haltet ihr davon, hm? Alle würden sich besser verstehen, meint ihr nicht?«, wagte Ipané einen zaghaften Vermittlungsversuch.

»Hast du keinen besseren Vorschlag? Na los, leg du ihn doch flach, wo du Männer so gern hast. Wir überlassen ihn dir! Da fragt man sich, ob du wirklich fähig bist, diese Sippe zu führen«, fauchte Dina rot vor Zorn.

Peinliche Stille trat ein.

Oli saß inmitten derer, die stets auskömmlichen Sex hatten – die hübschen Kerle der Gruppe, denen der Streit leises Unbehagen bereitete –, und philosophierte in aller Ruhe darüber, wie sie das sah.

»Kleine Sippen wie meine haben ein Interesse daran, dass die Mädchen sich mit dem arrangieren, was sie haben: die Leute aus der eigenen Familie, die Hässlichen, die Dummköpfe, und weil sie sie tagtäglich sehen und sich trotz alledem nach körperlicher Lust und Zärtlichkeit sehnen und gleichzeitig keine Auswahl haben, gucken sie irgendwann nicht mehr so genau hin ... Meine Schwester hatte schon recht, wenn sie meinte, dass ich als Einzige Zicken mache.«

»Sag lieber, wo immer du hingehst, bricht das Chaos aus«, versetzte Ipané, höchst unzufrieden mit diesem Mädchen, das ihr ihre Utopie verdorben hatte.

»Jetzt redest du genau wie unser Ältester Onkel!«

»Ach ja? Dann sieh dich doch mal um: Wir schlagen uns

hier die Köpfe ein, dabei haben wir uns vor deinem Auftauchen alle sehr gut verstanden. Weißt du, was bei den Sippen passieren wird, bei denen du haltgemacht hast? Weißt du es nicht? Tja, sie werden die Nachbarsippen überfallen und ihnen sämtliche Frauen wegnehmen! Und da alle in die Richtung laufen, in die der Fluss fließt, und wir uns ganz am Ende befinden, ernten wir wie Treibholz die gesamte Gewalt der Welt. Und mit dir hat es bereits begonnen!«

Tief in ihrem Innern wusste sie, dass Ipané recht hatte. Bis zu ihrer Reise hatte sie nur eine abstrakte Vorstellung von anderen Sippen gehabt, lediglich ihre begeisterte Phantasie hatte ihnen ein Gesicht gegeben und Traumvölker erschaffen, eins freundlicher als das andere. Die Wirklichkeit war dann allerdings umso enttäuschender.

Die Sippe, die ihrem Zuhause am nächsten lebte, erschien ihr auf den ersten Blick recht verlockend, denn dort jagten die Frauen ebenso wie die Männer, und die Männer verrichteten die lästigen Arbeiten an der Seite der Frauen, aber schon bald merkte sie, dass irgendwas nicht stimmte. Das fing schon bei ihrer Kleidung an: Unabhängig von Alter und Geschlecht der Person, die sie trug, war sie bei allen gleich, verziert mit in einheitlichem Stil aufgenähten Perlen, was der Sippe etwas Uniformes gab, das sie nicht verstand. Sie mit ihrer schmucken Kluft aus Löwenfell, ihrem Federkragen, ihren Armbändern und Ketten, die ihre Persönlichkeit betonen sollten, fiel unangenehm auf. Die Kleinsten waren in Körbe gezwängt, wimmerten elendig vor sich hin, und niemand machte Anstalten, ihnen die geringste Zärtlichkeit zu erweisen. Leute im Alter ihrer Mutter oder von Ältestem Onkel gab es gar nicht. Wo waren sie alle hin?

Oder vielmehr: Was hatte man mit ihnen gemacht? Sie wagte nicht, danach zu fragen, denn alle hatten sie etwas Erbarmungsloses in den Augen; ein bisschen wie dieser entschlossene Blick, kurz bevor man sich auf ein Tier stürzt, um den Speer hineinzustoßen, nur sahen sie ständig so drein. Sie hörten sich ihre Geschichte aufmerksam an und forderten sie dann auf, beiseite zu gehen, um die Sache unter sich zu besprechen. Irgendwann brüllten sie alle und reckten die Speere zum Ruhme der riesigen Sippe, zu der sie werden würden. Sie feierten das Ereignis mit einem Tanz um ein Feuer, dessen Flammen so hochschlugen, dass sie den Blick auf die Felswände verdeckten. Sie stampften auf den Boden und sangen wie aus einer Kehle, einmütig bis zur Trance, was ihr solche Angst einjagte, dass sie floh.

Die zweite Sippe, mit friedlicherem Auftreten, fand sie noch seltsamer. Alle Mitglieder bezogen sich in ihren Äußerungen auf ein Wesen, das man nie sah, weil es über dem Himmel wohnte, sich aber offenbar trotzdem in alles einmischte. Es sprach zu ihnen durch den Mund eines der Ihren: ein ziemlich unheimlicher Typ, dessen glasig weiße Augen nach innen gerichtet schienen und der so sperrige Kleider trug, dass er sich kaum bewegte. Dieser Sprecher besaß so große Autorität, dass jedes Gespräch verstummte, wenn er den Mund aufmachte. Für jede ihrer grundlegenden Fragen hatte er eine Antwort parat: Wie ist der Tod? Warum gibt es Leben? Warum ist ein bisschen besser als nichts? Wohin geht der Tag, wenn die Nacht kommt? Als sie ihnen eröffnete, dass die sexuelle Verbindung zwischen Männern und Frauen die Kinder hervorbringt, verknüpfte der Blinde das sofort mit der Entstehung des Lebens aus den in die Tiefe ragenden Höhlen; jenen, in denen man die Steine niemals aufschlagen hört. Er behauptete, der aus seinem Mund sprach habe Mutter Erde befruchtet, so dass sie am ersten Tag der Welt sämtliche Lebewesen gebären konnte.

»Wo sich jetzt alle darüber einig sind, wie man Kinder macht – wie hat er es konkret angestellt, die Erde zu besamen? Es muss ja ein irre spektakulärer Anblick gewesen sein, wie sein riesiger Schwanz aus den Wolken baumelte und seinen Lebenssaft nach und nach in den Höhlen deponierte!«, bemerkte Oli. Der Glaubensvertreter heulte auf ob dieser Lästerlichkeit. Sie hatte sich wortlos verdrückt.

Alle diese Leute waren durch ihre Rituale oder ihren Glauben ausreichend verschworen, um eine beträchtliche Gefahr darzustellen. Ihre eigene Sippe mit ihrem lächerlichen *Die Linie ist der Mann, die Frau ist der Kreis* wirkte daneben geradezu wie ein Häufchen Dilettanten. Und das Strandvolk, diese vergnügt chaotische Gruppe Menschen von überallher, die entschieden hatten, gemeinsam zu wandern: Sie konnte sich nicht vorstellen, dass sie dieser Horde Verrückter gewachsen waren.

Ipané erhob die Stimme, um sich Gehör zu verschaffen. »Es reicht! Hört mir alle zu ... Diese Sache, von wegen Nachkommen haben, um den Tod zu überwinden; um der Unsterblichkeit willen auf Kinder setzen, die dem ersten Kälteeinbruch erliegen – euch ist doch klar, dass das Unfug ist? Die Zeit überdauern können nur Steine und Geschichten. Geschichten, die von Sippe zu Sippe weitererzählt werden und sich entlang aller Flüsse der Welt verbreiten.

Und wegen der, die Oli überall auf ihrem Weg erzählt hat, wird diese Welt sehr bald ins Böse kippen. Wir müssen unbedingt weg vom Strand, ehe das Unheil über uns hereinbricht. Schluss mit Sommer, wir packen. Morgen früh ziehen wir ab!«

Ringsum hagelte es Protest.

»Oh nein!«

»Wir sind doch gerade erst angekommen!«

»... Und ihr tut gut daran, euren Zwist zu beenden! Du allerdings, und das sage ich zum ersten Mal zu einer, die sich uns anschließen will: Du bist nicht willkommen. Besser, du gehst.«

»Keine Sorge, ich hatte nicht vor, mit euch mitzukommen. Wenn man länger als einen Tag bei denselben Leuten bleibt, wird man irgendwann in ihre Streitereien verstrickt, und darauf hab ich überhaupt keine Lust.« Sie zeigte nach Süden. »Deshalb ziehe ich in diese Richtung weiter! Ich laufe so lange am Meer entlang, bis ich diese Gegend finde, wo es warm ist.«

Die alte Frau wollte es ihr ausreden. »In der Richtung ist nichts, nur ein unüberwindbarer Berg aus Eis. Und das ist kein verrücktes Märchen wie das vom Riesenwasserfall, der über den Rand der Welt fließt, das man sich in deiner Familie erzählt; ich sage dir das, weil ich von dort stamme. Ich wurde am Fuß dieser Berge geboren. Du willst nach Süden? Uns haben Jäger, die von dort kamen, erzählt: Sie sind zwei Jahreszeiten lang einem Wasserlauf gefolgt, der so breit war, dass man kaum das andere Ufer sah. Wenn du also von hier den gleichen Weg zurückgehst und an die Gabelung der zwei Flüsse kommst, folgst du nicht deinem, sondern dem anderen. Er führt dich in die Richtung, wo du hinwillst. Wie es dahinter weitergeht, verrät die Geschichte nicht. Aber wenn ich dir einen Rat geben darf: Dieser Tick von dir, die Deinen zu verlassen und allein durch die Welt zu zockeln wie ein altes Mammut, wirkt wie ein Versprechen, das sich ein hochmütiges Kind einst selbst gegeben hat.« Sie schlug einen schrillen Kleinmädchenton an, der Oli wurmte: »›Wenn ich groß bin, geh ich zum Rand der Welt!‹ Kehr nach Hause zurück. Jetzt, wo du deinen Onkel getötet hast, wartet dort ein neuer Platz auf dich.«

Während alle damit beschäftigt waren, das Lager abzubauen und sich dabei zu kabbeln, schlug Char Oli vor, ihn bei seinem letzten Fischzug zu begleiten, ehe er die Häute vom Bootskelett entfernte. Neugierig auf die neue Erfahrung, auf dem Meer zu reisen, sagte sie zu.

Als sie an den Strand kamen, plätscherte das leichte Boot, das bei ihrer Ankunft auf dem Trockenen gelegen hatte, im Wasser. Überrascht sprach sie ihn darauf an.

»Das sind die Gezeiten. Das Wasser steigt und fällt, einmal bei Tag und einmal in der Nacht. Es hat mit der Größe des Mondes zu tun.«

»Aber woher kommt dieses ganze Wasser und wo geht es hin? Ihr habt mich ausgelacht, als ich von dem Wasserfall erzählte, der sich über den Rand der Welt ergießt, und das ist ja auch Quatsch, aber was ist dann dort hinten?« Die Augen mit der Hand beschattend, deutete sie auf den Horizont.

»Ich weiß es nicht.«

»Und das reicht dir, *ich weiß es nicht*?«

»Du bist wirklich ein komisches Mädchen ... Setz dich, gleich geht's los, und lass deine Sachen am Strand.«

»Ich lass überhaupt nichts irgendwo!«

Der junge Mann schnaubte, sagte aber nichts.

Als das Boot sich vom Sand löste, lenkte Char es mit dem Ruder vom Strand weg. Die Sonne strahlte und spiegelte sich im Meer, die leichte Dünung schaukelte das Boot sanft hin und her, und Oli fühlte sich unglaublich wohl. Mit geschlossenen Augen überließ sie sich den leisen Bewegungen der Wellen und dem Geräusch des Ruders im Wasser.

Ein Stück vom Ufer entfernt hörte Char irgendwann auf zu paddeln, und die folgende Stille riss sie aus ihrem Dämmer. Die Hand über den Augen, um sie gegen die Sonne zu schützen, betrachtete sie den jungen Mann gegenüber.

»He, sag mal, wie willst du ohne Speer fischen?«

Er legte das Ruder ab und stand auf.

»Wo willst du hin?«

»Ich komm zu dir rüber.«

»Dann spring ich ins Wasser.«

»Kannst du schwimmen?«

»Nein, ich brauche ein Stück Holz, an dem ich mich festhalten kann.«

Er machte Anstalten, einen Ast oben vom Boot zu lösen.

»Was tust du da?«

»Na, ich versuche dir ein Stück Holz zu geben. Wir brauchen das Boot sowieso nicht mehr, wo wir ja weggehen.«

»Schon gut, lass es, ich bleibe!«

Er setzte sich neben sie und streichelte vorsichtig ihre Wange, dann küsste er sie auf den Hals. »Lass dich doch ein Mal gehen!«

Sie ließ es geschehen, trotzdem kämpfte sie gegen das Weichwerden an, indem sie energisch ihre zwei Speere umklammerte.

»Zieh dein Hemd aus!«

»Nein!«

»Ich tu dir nichts; ich berühr dich nur. Leg die Speere weg und zieh dieses Hemd aus ... Du kannst mir vertrauen, ich hol mein Geschlecht nicht raus. Wann immer du willst, hör ich auf, du musst es nur sagen. Komm schon ... Nimm dein Messer, wenn es dich beruhigt. Und jetzt weg mit diesem Hemd!«

Oli gab nach, und er küsste und streichelte jeden Winkel ihres Körpers. Hilflos spürte sie, wie ihr Geschlecht sich öffnete wie ein Mund.

»Berühr dich da, wo es sich gut anfühlt, so wie wenn du allein bist«, raunte er ihr ins Ohr.

»Ich mach so was nicht ...«

»Klar doch!«

»Du hast mich verhext«, stöhnte sie. »Ich will nicht!«

»Ja, so ist es gut! Spreiz etwas die Beine und streichle dich mit einer Hand. Ich schieb das hier vorsichtig hinein.«

»Das ist ja ein Geschlecht aus Stein!«

»Ja, es gehört meiner Mutter, aber sie benutzt es nicht mehr. Nach dem, was du uns erzählt hast, riskierst du damit nichts: keine Schwangerschaft, keine gefährliche Geburt, kein Kind, das du stillen musst. Nichts! Entspann dich ... So ... Ich beweg es jetzt sachte vor und zurück, aber du streichelst dich weiter, damit es gut gleitet.«

Im Takt von Olis Lustwellen machte Char langsame Bewegungen, bis sie kam.

»So, das war's, wir können zurückfahren. Du siehst, kein Grund zur Sorge, ich bin immer noch angezogen.«

Er spülte den steinernen Phallus im Meerwasser ab, dann hielt er ihn Oli zwischen Daumen und Zeigefinger hin.

»Du meintest, du seist vollständig; hiermit bist du es wirklich!«

Das Hemd in der Hand, stakste sie nackt an Land, während Char die Schnüre durchtrennte, mit denen die Häute am Bootskelett befestigt waren.

»Geht's dir gut?«, rief er ihr zu, noch halb bis zu den Waden im Wasser.

Sie antwortete nicht, wütend auf sich selbst, dass sie sich hatte gehen lassen wie ein lüsternes Tier.

»Als ich dir beim Kommen zusah, fiel mir eine Geschichte ein, soll ich sie dir erzählen?« Und ohne ihre Antwort abzuwarten, fuhr er fort: »Es ist die Geschichte von einem Mädchen, das so schön und anziehend ist, dass alle Männer sie begehren. Aber weil sie wissen, dass ihr Geschlecht Zähne hat und vermutlich ihren Schwanz verspeisen wird, verzichten sie lieber. Deshalb meiden alle sie und tun so, als gäbe es sie gar nicht. In ihrer Einsamkeit hat sie nur noch einen Wunsch: dass ihre lästige Schönheit verschwindet. Sehr alt oder sehr hässlich zu werden, damit man sie wenigstens aus Zuneigung berührt.«

»Deine Geschichte ist lausig!«, erwiderte sie nachtragend und rückte den Federkragen über ihrem Hemd zurecht.

»Im Gegenteil, ich hab das Gefühl, es ist eine von denen, über die meine Mutter sagte, dass sie die Zeit überdauern.«

Am Oberschenkelknochen der Frau, ursprünglich vermutlich in einem Beutel oder einer an die Kleidung angenähten Tasche verstaut: ein Phallus aus Stein.

Als die Paläontologie noch eine junge Wissenschaft war, betrachteten die Prähistoriker den Geschlechtsakt unserer Vorfahren ausschließlich unter dem Aspekt der Fortpflanzung, wodurch gewisse Fruchtbarkeitsmythen systematisch in den Vordergrund gerückt wurden; was hauptsächlich daher rührte, dass die Begründer Kirchenmänner waren, wie die Priester Breuil, Bouyssonie und Obermaier. Von sexueller Lust war selbstverständlich nie die Rede, so als hielten diese Forscher sie für eine Zügellosigkeit, die den Zeitgenossen des ausgehenden 19. Jahrhunderts vorbehalten war.

Allerdings findet man keine Darstellungen von Mutterschaft, in welcher Form auch immer. Keine einzige Szene einer Geburt, einer stillenden Mutter oder einer Mutter umgeben von ihren Kindern. Auch keine Darstellung von Kindern allein, was vermutlich daran liegt, dass sie als etwas Banales betrachtet wurden, das einem ständig zwischen den Beinen herumwuselte; ein Sujet, das des Erzählens nicht wert war.

All die gezeichneten und geritzten Vulven, die Venusfiguren mit überdimensionierten Brüsten, Hüften und Geschlechtsteilen, die Steinphallusse, die man in ganz Europa findet – sie scheinen, vor allem eingedenk ihrer Vielzahl, von der zentralen Stellung zu zeugen, die Sexualität und Luststreben in der Psyche unserer Vorfahren einnahmen.

Was bedeutet es, dass das steinerne Abbild eines männlichen Geschlechts im Grab dieser Frau gefunden wurde? Bringen die Leute ihrer Sippe damit zum Ausdruck, dass sie für sie die soziale Rolle verkörperte, die normalerweise einem Mann zukam? Oder ist es einfach ein Utensil, mit dem eine Frau sich oder anderen Lust bereitet?

Muss daran erinnert werden, dass die außerordentliche Vielgestaltigkeit menschlicher Schicksale vor allem daraus resultiert, welche Wahl wir in Sachen Sexualität und Reproduktion treffen? Mit Biologie hat das nichts zu tun!

 Nachdem sie den Strand hinter sich gelassen hatte, lief Oli am Fluss entlang in Richtung des Nebenflusses, der sie südostwärts zu einem neuen Abschnitt ihrer Reise führen sollte, und dachte über das zuletzt Erlebte nach.

Bei den Rentieren oder Auerochsen durfte sich nach Rangordnungskämpfen nur das Alphamännchen fortpflanzen, die anderen fügten sich in ihr Schicksal, bis auf eine gelegentliche diskrete Nummer mit einem Weibchen der Herde. Bei den Pferden dagegen gab nicht ein Hengst den Ton an, sondern eine alte Stute, die von der Herde ausgewählt wurde, so wie Ipané von ihrer Sippe wegen ihrer Fähigkeit, Streit zu schlichten und für Ruhe und Frieden zu sorgen. Trotzdem wirkte keins dieser Tiere frustriert oder vom Gedanken an seine Endlichkeit besessen, und vor allem misshandelten sie niemals ihre Weibchen. Da die Beobachtung der Natur kein zufriedenstellendes Vorbild lieferte, fragte sich Oli, mit welchen Mitteln der Konflikt, den sie am Strand erlebt hatte, zu lösen wäre. Wie sich gegen die Aggression der Männer schützen, die von sexueller Begierde und dem Verlangen nach Söhnen geplagt wurden? Wie ihre Übergriffe und Schläge abwehren?

Wie sie die Frage auch drehte und wendete, sie fand keine Antwort.

Auf der Suche nach innovativen Lösungen begannen ihre Gedanken umherzuschweifen …

Warum nicht einen Ort gründen, wo sich die Frauen mit

ihren Kindern verstecken und geschützt vor männlicher Brutalität ihre eigene Sippe bilden könnten? Was aber tun mit Mädchen wie Rava, die es über alles liebte, mit dem Geschlecht der Männer zu spielen, und sich sogar freute, Mutter zu sein, obwohl gebären lebensgefährlich war? Ohne Männer wäre ihre jüngere Schwester äußerst unglücklich.

Man könnte einen Mann um seiner Schönheit und Stärke willen auswählen, ihn gefangen nehmen und in eine Lusthütte sperren ... Gewissermaßen den Spinner neu erfinden, nur in hübscher und weniger nervig. Aber was würde dann aus den Jungen, die aus diesen Paarungen hervorgingen? Müsste man sie zum Schutz der Mädchen als Jugendliche verbannen? Und was, wenn der Lustmann sich eines Tages weigerte, sie zu befriedigen? Was müsste man tun, um ihn zu zwingen? Ihm die Nahrung vorenthalten? Ihn schlagen? Es lief immer wieder auf dasselbe hinaus: Schläge austeilen und Schläge einstecken ...

Und wenn man, statt die Frauen zu ihrem Schutz zu isolieren, die Männer bestrafte, wenn sie zu aufdringlich wurden? Aber ab welchem Ausmaß von Übergriff sollten sie dann bestraft werden und wie? Und wer wäre dafür zuständig?

Man könnte es auch mit einer Aufwertung der Sanften versuchen, die sich um die Kinder kümmerten und bei den lästigen Aufgaben halfen, statt grundsätzlich die zu bevorzugen, die die Natur mit Muskeln und Kampfgeist ausgestattet hatte. Aber die Körper von Frauen waren gegenüber solchen Männern oft taub ... Ihrer ganz besonders, musste sie sich eingestehen – nach der Wirkung zu urteilen, die Char auf sie gehabt hatte, der ebenso viril wie unnütz war.

Alle wollten Spaß und Nachkommen mit der Person, die sie verdient zu haben meinten, und niemand mochte sich dazu herablassen, die Ausgemusterten zu vögeln: Das war die Schlussfolgerung, zu der sie kam. Der Streit zwischen Männern und Frauen, der am Strand begonnen hatte, würde sich über die ganze Welt ausbreiten wie Feuer mit dem Wind, und sie hatte nicht die geringste Vorstellung, wie er je enden sollte.

Am dritten Tag der Wanderung stieß Oli am Flussufer auf einen Mann, dessen Leiche sich im Gestrüpp verfangen hatte. Sie hakte ihn los und zog ihn an Land. Er war aus einer Wunde am Hals verblutet, die nicht von einem Tierbiss stammte, sondern von einer Feuersteinklinge. Am anderen Ufer sah sie noch einen und etwas weiter entfernt einen dritten. Es ging schon los: Ipané hatte recht gehabt, als sie prophezeite, dass der Fluss sehr bald Tote zum Strand schwemmen würde.

Nach dieser schaurigen Entdeckung blieb sie oft stehen und lauschte reglos, horchte auf die Geräusche der Natur. Die Suche nach einem Lagerplatz wurde zum Geduldsspiel, denn sie musste Feuer machen, um die nachts jagenden Höhlenlöwen fernzuhalten, aber zugleich dafür sorgen, dass niemand im Dunkeln Lichtpunkte sah. Sie schlief schlecht, schreckte beim geringsten Laut hoch, war immer auf der Hut und starrte mit weit offenen Augen in die Finsternis.

Dann regnete es zwei lange Tage ohne Unterlass, was das Vorankommen so gut wie unmöglich machte. Am fünften Tag, als der Regen etwas nachließ, kam sie in der Nähe eines Lagers vorbei, das sie auf dem Hinweg nicht bemerkt hatte, womöglich das von Dinas Familie, aber da war kein Zeichen von Leben, kein Rauch, nichts.

Durchnässt bis auf die Knochen, duckte sie sich in tropfendes Gebüsch und beobachtete aus einiger Entfernung die Gruppe der verlassen wirkenden Hütten. Sie lauschte, aber es war nichts zu hören außer dem Geräusch des herabfallenden Regens. Sie pirschte sich näher heran. Im Schlamm waren zahllose Fußspuren, die durch die Nässe ihre Form verloren hatten, so dass sie nicht entschlüsseln konnte, was hier vorgefallen war.

Sie beschloss, eine Rast einzulegen und einen der verlassenen Unterschlupfe zu nutzen, um zu trocknen, zu übernachten und vielleicht abzuwarten, dass sich das Wetter besserte.

Sie zündete das Holz, das noch in der Mitte gestapelt lag, wieder an und briet das ihr verbliebene Wildfleisch.

Vom köstlichen Duft gegrillten Fleisches eingehüllt, verspürte sie unendliches Wohlbehagen. Während sie vor den tanzenden Flammen döste, gedachte sie ihrer Begegnung mit Char, diesem Mann, der ihr Vergnügen bereitet hatte, ohne im Gegenzug etwas zu verlangen; weder Gefälligkeit noch Nahrung noch Nachkommenschaft. Ein neues Gefühl überkam sie: eine Art Melancholie. Sie dachte an ihn und wünschte, dass er da wäre, an ihrer Seite, und sie streichelte, und wollte doch nicht, dass er wirklich da war mit seinem männlichen Gehabe und seinen total nervigen Prahlereien. Ein träumerisches Verlangen nach einem möglichen Leben, fernab der zwangsläufig enttäuschenden Realität. Ein Sehnsuchtsobjekt, das zu erreichen nicht unbedingt wünschenswert ist, aber es ist schön, es wie ein geheimes kleines Land in sich zu tragen, um es von Zeit zu Zeit aufzusuchen.

Sie hatte gerade ihr Hemd hochgezogen und den kleinen Steinphallus aus ihrem Beutel geholt, da tauchten am Eingang der Hütte zwei Kinder auf. Zwei kleine Halb-und-halb-Kinder, wie Ravas Neugeborenes es gewesen war. Das eine noch ein Knirps, das andere höchstens acht Jahre alt, beide rotznäsig, dreckig, durchgefroren und ausgezehrt.

»He, was macht ihr denn hier? Kommt her, ich tu euch nichts. Ich habt bestimmt Hunger!«

Sie schnitt für jedes ein Stück Fleisch ab, das sie ihnen zuwarf, und sie stürzten sich darauf.

»Bist du ein Junge oder ein Mädchen?«, fragte sie das ältere der beiden.

»Ein Mädchen.«

»Und das?«

»Sie auch.«

»Ist das deine Schwester?«

»Nein, das ist Atipa.«

»Wo sind eure Mütter?«

»Weg.«

»Andere Leute haben sie mitgenommen, richtig? Und eure Geschwister auch?«

Mit offenem Mund nickte die Ältere.

»Und die Männer, wo sind die?«

»Nicht mehr da.«

»Sind sie mit den Frauen und Kindern weggegangen?«

»Nein.«

»Sind sie tot?«

»Ja. Alle.«

»Und wie heißt du?«

»Larna.«

»Seid ihr entwischt?«

»Nein, wir wurden ins Wasser geworfen. Warum fehlen dir Finger?«

»Weil man sie mir abgehackt hat.«

Mit einem Kopfwackeln verdaute die Kleine die Information, dann kaute sie weiter ihr Stück Rentierfleisch.

Während die Mädchen aßen, trat Oli aus der Hütte, um die Umgebung abzusuchen. Vor ihr, etwas unterhalb der Felsnische mit den Hütten, erstreckte sich die Ebene, die der Fluss durchquerte. Alles war friedlich. Männer waren wer weiß woher gekommen, hatten das Blut anderer Männer vergossen und Frauen und Kinder verschleppt, aber nichts ringsumher – weder die Steine noch die Felswände oder die Tiere – interessierte sich dafür, was dieser Sippe zugestoßen war. Die einzigen Zeuginnen dieses scheußlichen Überfalls waren diese zwei unverwüstlichen Gören, deren außergewöhnliche Zähigkeit sie vor dem Ertrinken bewahrt hatte.

Ab sofort kein herzliches Entgegenkommen mehr bei Menschen, die sie nicht kannte. Misstrauisch sein. Immer.

Das kleinere der Mädchen, Atipa, hatte von den Fremden nur deren Hautfarbe, Larna dagegen mit ihren stämmigen Beinen, ihrem gedrungenen Körper, ihrer Robustheit und ihrem komischen Kopf hätte fast eine von ihnen sein können, wären da nicht der schwarze Haarschopf und die großen Augen gewesen, die dieselbe goldbraune Farbe hatten wie Olis.

Nach einer Erklärung, warum die Angreifer sie hatten loswerden wollen, musste sie nicht lange suchen: Man erachtete die beiden als ungeeignet für den für Frau-Geräte vorgesehenen Zweck, eines Tages ihre Söhne auszutragen.

»Was soll ich mit euch beiden bloß anfangen?«, seufzte sie.

Die Kinder gähnten mit vollen Bäuchen, rollten sich ganz selbstverständlich dicht neben ihr zusammen und schliefen in der Wärme des Feuers ein.

Mitten in der Nacht wurde sie von Larnas Wimmern geweckt. Offensichtlich hatten Eindringlinge sich ihres Geistes bemächtigt, denn das Kind ballte die Fäuste, als würde sie mit bloßen Händen gegen sie kämpfen. Oli tat, was ihre Mutter sie für diesen Fall gelehrt hatte: Sie flüsterte der Schlafenden Drohungen ins Ohr, um die Angreifer aus ihren Träumen zu verjagen. Als die Kleine sich beruhigt hatte, löste sich Oli sanft aus ihrer und Atipas Umklammerung und trat aus der Hütte, um den Himmel zu beobachten. In der Ferne erschienen Sterne in den schmalen Nachtlücken zwischen den Wolken: Der Regen hörte auf.

Sie seufzte. Sie konnte sich nicht vorstellen, die kleinen Mädchen ihrem Schicksal zu überlassen, und noch weniger, sie auf ihrer Wanderung mitzuschleppen. Was, wenn sie eines Tages nicht von der Jagd zurückkäme? Ihr blieb nichts anderes übrig, als nach Hause zu trotten und sie in die Obhut ihrer Familie zu geben. Ihre große Reise gen Süden musste sie auf den nächsten Frühling verschieben.

Als die Sonne aufging, weckte sie die Mädchen, faltete eine ihrer Häute, um sich die Kleinere auf den Rücken zu laden, nahm die Größere an die Hand und machte sich auf den Weg am Fluss entlang.

Der Himmel heiterte sich langsam auf. Atipa sang leise in ihrer Trage, während Larna an ihrer Seite lief.

»Ist es schön da, wo wir hingehen?«, fragte sie.

»Vielleicht findest du es ja schön.«

»Wieso, fandest du das nicht?«

»Bevor ich gereist und anderen Sippen begegnet bin, hab ich mir die Frage nie gestellt. Wenn du nichts anderes kennst, hast du keinen Vergleich.«

»Und jetzt, wo du einen hast?«

»Heute würde ich sagen, nein, es ist nicht toll da. Aber in euren Hütten hätten wir sowieso nicht überwintern können, denn man darf nicht an einem Ort bleiben, wo so viele schlimme Dinge passiert sind. Weißt du, dass du nachts schreist?«

»Nein.«

»Doch, du schreist!«, sagte Atipa.

»Kannst du mir genau erzählen, was du gesehen hast, als diese Leute eure Mütter und Geschwister geholt haben?«

»Es waren nur Männer. Sie kamen von flussaufwärts. Es waren viele. Junge und alte. Sehr viel mehr als wir.«

»Waren sie alle gleich angezogen?«

»Manche ja, andere nicht.«

»Hattest du den Eindruck, dass es zwei verschiedene Sippen waren, die sich verbündet hatten, um euch zu überfallen?«

»Ich weiß es nicht. Als wir sie kommen hörten, gingen wir alle nach draußen, um sie zu sehen und zu begrüßen. Und ohne ein Wort zu sagen, haben sie plötzlich alle Männer mit ihren Feuersteinklingen und Speeren erstochen. Die Frauen schrien und beschützten uns mit ihren Armen. Wir hatten große Angst. Und dann haben sie uns gesehen, Atipa und mich, haben uns gepackt und ins Wasser geworfen. Meine Mutter hat geschrien. Weil sie mich rausfischen wollte, hat einer sie eingefangen und geschlagen, während die anderen versuchten, mich zu ertränken, sie haben mir einen Ast auf den Kopf gehauen und mich damit unter Wasser gedrückt. Ich bin entkommen, indem ich in die Flussmitte schwamm, da hat mich die Strömung erfasst. Am anderen Ufer hab ich Atipa wiedergetroffen. Ich glaube, die können nicht schwimmen.«

»Die Geister, die in euren Hütten leben und das alles miterlebt haben, nutzen deinen Schlaf, um in deinen Kopf einzudringen. Bei mir zu Hause gibt es auch Unheil, aber mit dem Vorteil, dass es in einer bestimmten Höhle eingeschlossen ist, aus der kann es nicht rauskommen und dich belästigen. Du wirst sehen, du schläfst dort besser. Meine Mutter wird sich um euch kümmern. Und ich habe eine Schwester, die du sehr gern haben wirst. Sie ist nur wenig älter als du ... Clara ... Außerdem gibt es noch mehr Kinder, mit ihr insgesamt elf, aber sie ist ihre Anführerin. Du wirst sie erkennen, sobald du sie siehst: Sie hat immer ein Paar Geweihsprossen an den Kopf gebunden.«

»Warum macht sie das?«

»Sie sagt, sie ist ein Rentier im Körper eines Mädchens.«

»Und stimmt das?«

»Vielleicht ja. Auf jeden Fall fühlt sie sich so. Komm, lass uns weitergehen. Kennst du irgendwelche Geschichten?«

»*Der Schatten des weißen Wolfes*?«

»Dann also los mit *Der Schatten des weißen Wolfes.* Wir sind ganz Ohr!«

Wie stellte die *Dame de Winiarczyk* sich ihre Welt vor? Was für Gefühle belebten sie? Da es unmöglich ist, uns in eine so ferne Vergangenheit zu versetzen, ohne anachronistischen Psychologisierungen aufzusitzen, versuchen wir ihre Welt mit frischem Blick zu betrachten.

Vor ihr erstreckte sich eine endlose eiszeitliche Steppe, die von Spanien bis nach China reichte; eine Landschaft, wie man sie heute nur noch im Altai antrifft, der Grenze, die die Mongolei, Russland und Kasachstan trennt. Kaltes und trockenes Klima, häufig blauer Himmel, spärliche kleine Bäume, karges Grasland, so weit das Auge reicht, wo in riesigen Staubwolken Herden großer Pflanzenfresser auf und ab wandern: Mammuts, Rentiere, Auerochsen und Riesenhirsche.

Wie nahm sie diese unermesslichen Ebenen wahr, wenn sie sie zu Fuß durchstreifte? Empfand sie die Erhabenheit, oder war dieses »Draußen« für sie einfach nur eine Umgebung? Beschränkte sie sich darauf, die in die Erde geschriebenen Spuren des Wilds zu lesen, den Wind zu prüfen und die Form der Wolken zu deuten, oder sann sie darüber nach?

Was ist mit diesem Bildstein aus ihrer Sammlung, der für die Ewigkeit eingefrorenen Aufnahme einer Küste bei Nebel? Lassen Sie uns noch weiter gehen: Genau genommen ist es eine »Landschaftsszene«, wo wir doch bis zum späten 17. Jahrhundert warten mussten, ehe die Natur als solche zum Sujet der Darstellung wurde.

Diese »Postkarte« aus Jaspis, zusammen mit den an ihrem Hals gefundenen Muschelketten, lässt darauf schließen, dass sie an der Vézère und dann an der Dordogne entlang bis zum Atlantik gewandert ist. Ist es eine gewagte These, dass dies keine banale Umsiedlung mit ihrer Jäger-Sammler-Sippe war, sondern ihre ganz persönliche bahnbrechende Erfahrung? Denn warum sonst hätte sie nach ihrer Rückkehr versucht, jenes Anderswo in diesen zwei Gegenständen zu konkretisieren?

Sie, die in Sachen Darstellung nur grob ausgeführte Ritzzeichnungen, stilisierte Figurinen oder Felsmalereien mit Tiermotiven kannte – was ging in ihr vor, wenn sie diesen Bildstein in der Hand hielt? Wollte sie ihrer Reise zum Meer visuelle Unsterblichkeit verleihen? Existierte bereits in der Altsteinzeit das Gefühl von Nostalgie? Und das der Sehnsucht?

Was, wenn wir dort, in dieser Höhle, das erste Artefakt einer Archäologie der ästhetischen Wahrnehmung gefunden hätten?

Regungslos betrachtete Daïno das verhärmte Gesicht der schlafenden Idra.

Er hätte sich damit abgefunden, wenn sie wenigstens lieb zu ihm wäre oder ein Mindestmaß an Begeisterung aufbrächte, wenn er sie streichelte, aber seit dieser Geschichte mit Issa fühlte es sich an, als würde er mit einem weinerlichen Fleischklumpen spielen, was alles andere als erregend war. Zu allem Überfluss fing die Leiche seines Onkels an zu stinken, und hungrig war er auch.

Als er zum ersten Mal seit seinem Koller aus der Hütte trat, begegnete er Erin und Arienne, die ihn voller Entsetzen anstarrten und wegliefen, um sich zu verstecken.

»He, ich will was zu essen!«

»Ach ja?«, antwortete seine Mutter, die einer ihrer Enkelinnen gerade einen verhedderten Zweig aus dem Haarschopf nestelte.

»Ja, ich hab Hunger!«

»Das trifft sich gut, wir auch!«

»Wo sind denn alle?«

»Lothar wurde von Löwen getötet, als er allein jagen war. Issa, tja, du weißt ja, was mit ihm passiert ist. Und der Spinner ist abgehauen.«

»Und Ältester Onkel?«

»Weil er die heilige Stätte der Ahnfrauen entweiht hat, haben sie ihm mit einem Stein den Schädel eingeschlagen.«

Stille.

»Dann haben wir jetzt das Chaos?«

»Das kann man wohl sagen!«

»Was machen wir?«

»Es ist an dir, uns das zu sagen, du bist jetzt Ältester Onkel.«

»Ich bin Ältester Onkel!«, rief er in die Runde und reckte voll hirnverbranntem Stolz die Brust, aber niemand scherte sich darum. Kaum dass die Kinder die Köpfe wendeten.

Rava gestattete sich ein Schulterzucken, ohne auch nur den Blick von der Tierhaut zu heben, an der sie nähte. »So ein Quatsch!«

»He!«, fuhr er sie an.

»Bring uns lieber Fleisch, statt dich aufzuspielen!«

»Ohne die anderen kann ich nicht jagen, sonst passiert mir das Gleiche wie Lothar.«

»Oli schaffte das sehr gut! Sie hat ganz allein einen Riesenhirsch erlegt.«

»Mit Magie!«

»Ja, und?«

»Na, das ist sehr viel leichter. Sie hat mir die Zähne zerbrochen, ohne mich zu schlagen.«

»Magie oder nicht, uns ist das schnurz! Wenn du unfähig bist, allein zu jagen, dann geh und hol sie zurück.«

»Rava hat recht, hol deine Schwester!«, sagte seine Mutter.

»Ich will nicht.«

»Gib mir deinen Faustkeil.«

Er tat wie geheißen. Sie legte ihn auf den Boden und stieß einen Stein in seine Mitte: Er spaltete sich in zwei Teile.

»Warum hast du das getan?«

»Damit du begreifst. Siehst du diese zwei Teile? Sie passen

perfekt ineinander, denn es sind zwei Hälften eines Ganzen. Dasselbe gilt für deine Schwester und dich. Im Gegensatz zu uns, die in einem Stück geboren wurden, bist du unvollständig, weil ihr zu zweit wart. Wenn du ihre Intelligenz mit deiner Kraft verbindest, werdet ihr der beste Älteste Onkel sein, den die Sippe je erlebt hat, und Wohlstand wird einkehren. Allein dagegen bist du so nutzlos wie dieser zerbrochene Faustkeil. Finde deine Schwester!«

»Wo?«

»Sie hatte immer vor, wie deine Onkel zum Rand der Welt zu gehen, um uns zu beweisen, dass sie dazu fähig ist, also läufst du flussabwärts. Hol sie ein, und behalte unbedingt den halben Faustkeil in der Hand, damit du deinen Auftrag nicht vergisst. Hast du das verstanden?«

»Ich gehe Oli holen.«

»Genau. Und diesen halben Faustkeil behältst du immer bei dir.«

Obwohl es Daïno widerstrebte, sich allein in die weite Welt hinauszuwagen, verließ er das Lager mit dem zerbrochenen Faustkeil in der Hand.

Es war das erste Mal, dass er ohne die anderen Jäger unterwegs war, und wider Erwarten fand er es überhaupt nicht beängstigend. Im Gegenteil, das Alleinsein beruhigte ihn, denn so fühlte er sich nicht mehr verpflichtet, auf die Ansprüche und den Spott der anderen zu reagieren. Während er lief, bescherte ihm der Kontakt mit der Natur ringsum eine ganz neue Empfindung: das Gefühl, einfach zu *sein*, die schlichte Freude zu existieren, und mehrmals lachte er ohne jeden Grund.

Jagen, mit wenigen Handgriffen Feuer machen, ein Lager errichten und Wild über weite Strecken tragen, das konnte er. Sprechen dagegen fiel ihm sehr schwer. Wollte er einen geringfügig anspruchsvollen Gedanken ausdrücken, stürmten die Wörter ungeordnet in seine Kehle wie eine kopflose Herde und zerschellten dann an der Schwelle seiner Lippen. Seine Versuche endeten mit gurgelnden Lauten, die ihn zur Verzweiflung trieben, und machten ihn gewalttätig, vor allem wenn man ihn beschränkt schimpfte. Deshalb beschränkte er sich die meiste Zeit darauf, die Befehle seiner Onkel auszuführen. Das gefiel ihm nicht wirklich, nein, aber so ließ man ihn in Ruhe, und es gab ihm die Illusion, für die Sippe genauso unverzichtbar zu sein wie die anderen Männer.

Aber hier keine Befehle, keine Tragepflichten, überhaupt nichts mehr, und so überraschte er sich dabei, wie er mit der Nase in der Luft am Fluss entlanglief und Altvertrautes bestaunte, als sähe er es zum ersten Mal. Das sich im Wasser spiegelnde Licht, das er hockend zu fangen versuchte, indem er die Finger eintauchte. Die Myriaden Farben der nassen Steine. Die Zugvögel, die auf dem Weg nach Süden in Formation über seinen Kopf hinwegflogen. Die bei Nacht funkelnden Sterne; erst einer, dann zehn, dann unendlich viele, sie bildeten himmlische Flüsse mit Schleifen und Buchten.

Er kostete das alles aus, und es machte ihn unglaublich glücklich, so dass sich die Suche nach seiner Schwester in einen gemächlichen lustvollen Spaziergang verwandelte.

Eines Morgens, er hatte noch nicht einmal das Tal verlassen, hob er eine Feuersteinknolle auf, die er als Ersatz für den Faustkeil behauen konnte, den seine Mutter ihm zerbrochen hatte und der ihn daran erinnern sollte, Oli zum Lager zurückzubringen. Als er der Knolle mit seinem Schlaggerät zu Leibe rückte, um den Kern freizulegen und dann weiter zu gestalten, sah er im Innern eine Form auftauchen, die zu einem wundersamen Tier zu gehören schien, und er verwendete den Rest des Tages darauf, den Stein mit vorsichtigen kleinen Schlägen so zu bearbeiten, dass es wie ein Ornament in der Mitte erhalten blieb.

Bei der Arbeit sang er aus vollem Hals, unzusammenhängende Sätze aus Wörtern, deren Klang ihm gefiel, denn es war niemand da, der ihn auslachen oder zum Schweigen bringen konnte, und er fühlte sich unfassbar lebendig. Als sein Werkzeug fertig war, drehte er es in alle Richtungen, um es zu bewundern. Das Ergebnis war so befriedigend, dass er seinen zerbrochenen alten Faustkeil wegwarf und im selben Augenblick vergaß, warum er von zu Hause aufgebrochen war.

Dachten die Sapiens des Aurignacien, mit einem schönen Werkzeug würden sie bessere Arbeit leisten? Anders gesagt: Waren sie Designer vor der Zeit?

Die Frage wäre unsinnig, wenn der verzierte Feuerstein, den wir in der Winiarczyk-Höhle gefunden haben, nicht der Theorie der funktionellen Ästhetik entgegenstünde, die André Leroi-Gourhan, der ein Jahrhundert lang die Forschungen zu prähistorischen Werkzeugen dominierte, so am Herzen lag.

Symmetrische Werkzeuge vom Typ Faustkeil lassen sich bis zu den ersten afrikanischen Vertretern der Gattung Homo vor fast zwei Millionen Jahren zurückverfolgen. Der Faustkeil ist ein Gegenstand in der Form eines Tetraeders, einer mehr oder weniger langgestreckten Mandel. Er besteht aus zwei symmetrischen Seiten, die, wo sie aufeinandertreffen, zwei Schneiden bilden, die zu einer Spitze zusammenlaufen. Die großen Modelle – das bestätigen elektronenmikroskopische Untersuchungen der Verschleißstellen – sind oft wie ein Schweizer Taschenmesser, Allzweckwerkzeuge, bei denen man sowohl die beiden Schneiden als auch die Spitze sowie die Basis benutzte und mit denen man schneiden, schaben, stechen, schlagen konnte ... Und da sich der Faustkeil von Afrika bis an die Grenze Asiens findet und seine grundsätzliche Form sich nicht verändert, sondern im Lauf der Jahrmillionen nur zu immer mehr Symmetrie und Feinheit hin entwickelt hat, ist diese amygdaloide Form wohl die einzig mögliche hinsichtlich der Funktionen, für die dieses

Werkzeug bestimmt war. Eine der Notwendigkeit folgende Ästhetik also, keine frei gewählte.

Jedoch zeigt der in der Höhle gefundene Faustkeil auf einer Seite einen kleinen versteinerten Trilobiten. Sein Schöpfer oder seine Schöpferin hat darauf geachtet, ihn so zu behauen, dass dieses eigenartige Tier aus dem Kambrium besonders gut zur Geltung kommt. Ganz offensichtlich handelt es sich hier um ein Schmuckelement, das keinerlei praktischen Nutzen hat. Nach Vollendung der sorgfältigen Arbeit, den Stein zu bearbeiten, ohne das darin eingenistete Tier zu beschädigen, hat die Person gewiss Freude empfunden beim Betrachten ihres Werks, das nebenbei bemerkt ausgesprochen gelungen ist.

Und was ist denn diese Wahrnehmungsfreude, dieses Entzücken, wenn nicht die Erfahrung des Schönen?

»… Wenn du Großwild nachstellst, musst du zuerst mal lernen, leiser zu sein … Kein Mucks … Meinst du, du schaffst das? Der Riesenhirsch ist eine gute Beute, denn er ist natürlich sehr groß, aber das Problem ist, er ist auch sehr schnell. Das Schwierigste ist, dich ihm auf Wurfweite zu nähern, ohne dass er dich sieht. Normalerweise stellt er sich mit dem Hintern zum Wind, und während er trinkt oder grast, äugt er immer wieder nach hinten und prüft, ob sich ein Löwe anschleicht, damit er Zeit hat, nach vorne zu flüchten. Du folgst ihm also von ferne und ziehst dabei weite Kreise um ihn, und wenn du dich näher heranpirschst, achtest du darauf, gegen den Wind zu kommen, so dass er dich nicht wittert. Die List besteht darin, euer Zusammentreffen vorzubereiten, indem du dir einen Platz suchst, wo du genau dann vor ihm auftauchen kannst, wenn er den Kopf dreht und hinter sich schaut. In diesem Moment, kurz wie ein Lidschlag, entscheidet sich alles … So hab ich mal einen ganz allein erlegt. Soll ich euch davon erzählen?«

Ein Tag fügte sich an den anderen, und der kleine Trupp kam schnell und ungehindert voran.

Ohne es zu merken, weil sie in Larnas Intensivausbildung zur Jägerin vertieft war, hatte Oli die Abzweigung des Flusses längst passiert, die sie zu den südlichen Gefilden geleitet hätte. Sie hatte auch bei Nacht die Sippe umgangen, die von Dem-im-Himmel gelenkt wurde, ebenso die andere, die ihre Alten sterben und ihre Kinder weinen ließ.

So bewältigte sie den Rückweg in der Hälfte der Zeit, die sie für den Hinweg gebraucht hatte, und erreichte den Eingang zum Tal.

»Dort sind meine Felsen!«, rief Oli am Ende eines Tagesmarschs aus.

Die Mädchen starrten wie gebannt in die Ferne und bestaunten respektvoll die Kalksteinwände, als wären es hochwichtige Personen, die man nicht enttäuschen durfte.

»Hab ich euch schon gesagt, dass unser Felsunterstand riesig ist, so dass ihr dort selbst an Regentagen im Trockenen spielen könnt? Hier schlagen wir unser Lager auf. Da, Larna, schau dir diese Fährten an, was ist das?«

»Ein Rentier.«

»Nein, du redest nur irgendwas daher ... Zwei schmale Schalen, die an beiden Enden identisch sind, ist das etwa ein Rentier?«

»Nein.«

»Warum sagst du dann Rentier? Weil du nicht willst, dass ich böse werde? Das darfst du nicht machen! Wenn du etwas nicht weißt, sagst du ›Ich weiß es nicht‹. Bei Rentierfährten ist das eine Ende spitz und das andere rund, und beim runden Ende sind Punkte, das haben wir schon gesehen ... Sogar mehrmals!«

»Ich weiß nicht, was es ist«, sagte das Mädchen kleinlaut.

»Ich helf dir: Wenn es kein Rentier ist, was könnte es dann von der gleichen Art sein?«

»Ein Hirsch.«

»Ist er schwer oder leicht?«

»Schwer.«

»Warum?«

»Weil die Erde so tief eingedrückt ist.«

»Gut! Schwerer als ein Hirsch, aber mit derselben Fährte, was gibt es da? Wir haben gestern darüber gesprochen.«

»Ein Riesenhirsch.«

»Richtig! Und dieser hier ist vor gar nicht so langer Zeit vorbeigekommen. Kannst du mir sagen, in welche Richtung er läuft?«

Die Kleine hockte sich auf den Boden, um die Tierfährte sorgfältig zu studieren.

»Das kann man nicht wissen.«

»Und warum nicht?«

»Weil die Schalen vorne und hinten gleich sind ...«

»Gut so! Auf trockener Erde hast du recht, da ist es unmöglich zu erkennen, welche Richtung er eingeschlagen hat. Auf Schnee oder weichem Boden wie jetzt nach dem Regen hast du durchaus Chancen, wenn du gut hinguckst. Also gehst du auf die Knie und schaust dir die Fährte genau an. Siehst du das, da sind kleine Erdbrocken ... Er hat sie im Laufen mit seiner Hufspitze aufgewirbelt, er ist also in derselben Richtung unterwegs wie wir, da lang! Um ihm nachzustellen, müssen wir ihn also im Laufschritt in großem Bogen überholen und dann überrumpeln. Genau da wird die Jagd interessant: wenn du das Wild einen ganzen Tag lang still verfolgst. Du denkst so sehr daran – was es macht, was es riecht, welche Flechten es bevorzugt –, dass du irgendwann zu ihm wirst und genau weißt, welchen Weg es nehmen wird ... bis ihr aufeinandertrefft.«

»Vielleicht begegnen wir ihm.«

»Wir werden sehen.«

Plötzlich erstarrte Oli.

»Still. Hört mal …«

»Was ist da? Ist das der Riesenhirsch?«, wisperte Larna.

»Da ist eben nichts. Die Natur ist verstummt. Wir nähern uns jemandem! Pst!«

Daïno schloss die Augen, um den magischen Duft der feuchten Erde zu genießen. Er atmete tief ein, füllte seinen Körper mit Braun, mit Grün und mit Feuchtigkeit.

Als er die Augen wieder öffnete, sah er in der Ferne seine Schwester auftauchen, an jeder Hand ein schauderhaftes Kind.

»He!«

Als alle drei bei ihm ankamen, hielt er Oli mit breitem dümmlichem Grinsen seinen Faustkeil hin.

Die warf kaum einen Blick darauf. »Was machst du hier?«

»Da ist ein Tier drin, guck mal!«

»Sag mir, was du hier machst.«

»Du hast nicht geguckt.«

»Wo sind die anderen?«

»Da ist ein Tier drin, guck!«

»Deine Assel ist mir scheißegal! Antworte: Was machst du hier ganz allein?«

Er fing an zu schmollen. »Erstens ist das keine Assel.«

Mit einem genervten Seufzer nahm sie den Faustkeil in ihre Hände. »Ja, er ist sehr hübsch. Auch sehr schön behauen mit diesem komischen Tier in der Mitte, das in der Tat keine Assel ist. Du hast recht: Du bist sehr begabt!«

Er warf sich in die Brust. »Aha, siehst du.«

»Kannst du mir jetzt bitte sagen, wo Issa ist?«

»Er ist tot.«

»Und Lothar?«

»Er ist tot.«

»Und die Frauen, hat man sie entführt?«

»Sie sind hungrig und sagen, wir sind Ältester Onkel.«

»Was redest du da?«

»Unsere Mutter hat meinen Faustkeil zerbrochen und ...«
Sein trübes Hirn kam unvermittelt in Gang und suchte nach Erinnerungsfetzen, um sie zusammenzufügen. »Die Ahnfrauen haben Ältesten Onkel mit einem Stein erschlagen, und das Chaos war da, und die Mutter hat meinen Faustkeil zerbrochen, damit ich dich zurückbringe. Also kommst du jetzt ...«

Mit einer heftigen Bewegung zerrte er am Arm seiner Schwester.

Sie riss sich gewaltsam los. »Lass mich!«

Ohne Vorwarnung rupfte er ihr boshaft eine Handvoll Federn vom Kragen. »Dein Ding ist hässlich!«

Sie konterte mit einer schallenden Ohrfeige. Als Antwort knallte er ihr die flache Hand in den Rücken, worauf sie sich auf ihn stürzte und ihn zu Boden warf, wo sie übereinanderrollten und sich prügelten.

»Du Volltrottel von einem Hirni«, spuckte sie ihm ins Gesicht.

»Du sollst das nicht sagen!«

»Hirni, Hirni, Hirni ...«

Sie traktierte ihn heftig mit den Fäusten, und er setzte sich rittlings auf ihre Brust und fixierte ihre Arme am Boden.

Kaum hatte er das geschafft, kam Larna von hinten und stieß ihm mit beiden Händen ihr Feuersteinmesser in den Hals, dann zerrte sie daran wie eine Rasende und riss es wieder heraus. »Lass sie los!«, kreischte das Mädchen. Sie schlug auf ihn ein und stieß entsetzliche Schreie aus, bis er seinen Klammergriff löste.

»Hör auf! Hör auf!«, brüllte Oli.

Überrascht setzte Daïno sich auf und führte die Hand zum Hals, aus dem Blut sprudelte, dann fiel er vornüber auf Oli.

»Warum hast du das gemacht?«

»Er hat dir das Gleiche getan wie meiner Mutter.«

»Aber nein, das ist doch Daïno, mein Bruder! Wir haben immer so gekämpft.«

Sie befreite sich von der Leiche, die auf den Rücken rollte.

»Du hast ihn getötet«, sagte sie traurig.

Das kleine Mädchen vergoss heiße Tränen vor lauter Kummer, etwas getan zu haben, das Oli missfiel.

»Hör auf zu weinen!«

»Du wirst mich verlassen.«

»Aber nein, ich verlasse dich nicht! Bei mir zu Hause heißt es: *Was einmal gesehen ist, ist für immer gesehen.* Deiner Mutter wurde Schlimmes angetan, und du konntest nichts zu ihrer Verteidigung tun. Die Welt ist böse geworden, nicht du. Du bist nicht schuld.«

Bekümmert seufzte Oli und nahm sie in die Arme.

Atipa stand unterdessen reglos da, die Hände über den Augen, wie es kleine Kinder tun, wenn sie sich unsichtbar machen wollen.

»Komm du auch her.«

Alle drei trösteten einander lange, dann hob Oli Daïnos seltsamen Faustkeil auf und steckte ihn in ihren Steinbeutel, und sie machten sich wieder auf den Weg.

Als sie auf Höhe der Höhle der Ahnfrauen ankamen, bat sie die Mädchen zu warten und stattete ihnen einen Besuch ab. Was ihr Bruder über den Tod von Ältestem Onkel erzählt hatte, war ihr ein völliges Rätsel. Schnell machte sie Feuer, um den Docht ihrer Fettlampe anzuzünden, dann trat sie ein.

Sie bemerkte sofort, dass ihr Onkel sich noch bewegt hatte, nachdem sie ihren Speer in seiner Brust versenkt hatte, denn er saß mit dem Rücken gegen die Wand gelehnt im Innern der Kaverne, unter den Handabdrücken mit den abgehackten Fingern. Von der Verwesung war sein Körper aufgebläht, aber was sie am meisten beeindruckte, waren die zertrümmerten Knochen, die aus seinem Schädel ragten, von Ungeziefer blankgenagt. Als sie ihre Lampe dichter an die Wand hielt, entdeckte sie den Abdruck seines blutverschmierten Gesichts, dessen in den Lehm gezeichnete Augen die Ewigkeit anstarrten.

Daïno hatte zutreffend berichtet: Die Ahnfrauen hatten selbst für Gerechtigkeit gesorgt.

Die zwei Mädchen tauchten am Eingang auf.

»Wo bist du?«

»Ich hab euch gesagt, ihr sollt draußen warten. Ihr kommt nicht hier rein.«

»Mit wem redest du?«

Oli trat nach draußen. »Kann man nicht mal seine Ruhe haben.«

»Mit wem hast du geredet?«

»Mit den Ahnfrauen.«

»Wer ist das?«

»Geister, die in der Höhle wohnen.«

»Und was hast du ihnen gesagt?«

»Ich hab ein bisschen von meiner Reise erzählt, und ich hab ihnen versprochen, dass nie wieder einem Mädchen aus meiner Sippe die Finger abgehackt werden.«

»Hast du ihnen auch von uns erzählt?«

»Das wollte ich, aber da ihr ungehorsam wart und reinkommen wolltet, obwohl ich gesagt habe, ihr sollt draußen warten, bin ich nicht dazu gekommen. Jetzt klettern wir runter und durchqueren den Fluss, so kommen wir zu den Hütten.«

»Kannst du schwimmen?«

»Ich muss mich an einem Stück Holz festhalten, wenn meine Füße nicht den Grund berühren.«

»Ich bring es dir bei, es ist nicht schwer.«

Als Oli zu ihrer Sippe stieß, herrschte vor dem Felsunterschlupf ungewöhnliche Stille. Die fünf Frauen saßen wie betäubt um ein ersterbendes Feuer, aus dem in der herbstlichen Kühle leichter Qualm aufstieg. Bei ihrem Auftauchen schraken sie aus ihrer Apathie und stürzten sich mit einem Ungestüm auf sie, als wären sie am Ertrinken. Nicht eine machte eine Bemerkung über ihre Abwesenheit, ihre exzentrische Kleidung oder das Aussehen der zwei Kinder, die sie mitbrachte. Es fragte nicht mal jemand, ob sie unterwegs Daïno begegnet war.

»Wenn ich es richtig verstehe, sitzt ihr alle hier rum und wartet auf den Tod, statt euch zu rühren, stimmt's?«

»Aber jetzt, wo du wieder da bist, wird alles gut«, sagte Arienne.

»Inwiefern? Erwartet ihr vielleicht, dass ich für euch drei und eure Kinder jagen gehe? Warum sollte ich so was tun? Wegen des Vergnügens, euch dabei zuzusehen, wie ihr euch vollstopft? Ihr werdet mich schön begleiten, an Ort und Stelle zerlegen, was ich getötet habe, und es dann auf eurem Rücken zur Hütte tragen. Meine Mutter und Rava räuchern das Wildbret und kümmern sich um eure Kinder.«

»Wir sind für die Häute und das Sammeln von Pflanzen zuständig«, erklärte Arienne.

»Um die Häute kümmern wir uns, wenn wir Zeit dazu haben. Am dringlichsten ist jetzt, Fleischvorräte für den Winter anzulegen, und das macht sich nicht von selbst.«

Idra verzog angeekelt das Gesicht. »Ich soll meine Hände in irgendwas Heißes und Stinkendes stecken, das mir ins Gesicht spritzt – ganz sicher nicht!«

»Ihr habt euch immer gern um die lästigen Pflichten gedrückt und zur Genüge Fleisch bekommen, während wir die ganze Arbeit am Hals hatten und Vogel- und Kaninchenknochen ablutschen mussten, aber damit ist jetzt Schluss! Vielleicht habt ihr's noch nicht bemerkt, aber hier ist keiner mehr, der sich für euren Arsch interessiert.«

»Du willst dich rächen, oder?«, warf Erin ihr vor.

»Ja, echt, hältst du dich für unsere Anführerin?«

»Um nichts in der Welt will ich irgendjemandes Anführerin sein. Niemals. Aber ihr könnt nicht jagen, also was? Was schlagt ihr vor?«

Schweigen.

»Dachte ich mir! Also, entweder ihr macht, was ich sage, und zwar schnell, denn je länger wir hier untätig rumstehen, desto langwieriger und mühsamer wird die Aufgabe, oder aber ihr geht eurem Bruder nach. Die nächste Sippe ist hinter dem Talausgang nur vier Tagesmärsche flussabwärts. An eurer Stelle würde ich sofort losgehen, es gibt dort reichlich starke junge Männer, die nur auf eins warten: euch zu lieben und euch zu dienen.«

Die drei Schwestern berieten sich kurz, packten dann ihre Sachen und brachen mit ihren sieben Kindern auf, ohne auch nur Lebwohl zu sagen.

Rava und ihre Mutter sahen ihnen schweigend nach, bis sie außer Sicht waren. Die Kinder für ihr Teil waren traurig, dass sie ihre Spielkameraden verloren hatten.

»Die sind wir los!«, frohlockte Oli. »Wollen wir dann?«

»Es klang eigentlich nach einem guten Ort – sollten wir vielleicht hinterher?«, fragte Rava enttäuscht.

»Bei dem, was sich dort abspielt, hat man den Spinner bestimmt längst mit einem Stein erschlagen, und sei es nur, damit er die Klappe hält.«

»Wenn du weißt, wie die Leute in dieser Sippe sind, warum hast du sie dann hingeschickt?«, fragte Olis Mutter.

»Ich hab niemanden hingeschickt, aber sie sind so dumm, dass sie losgezogen sind, ohne mir auch nur eine Frage zu stellen. Von neunzehn hungrigen Mäulern sind wir runter auf neun. Vielleicht können wir es schaffen, wenn wir uns sofort an die Arbeit machen.«

In Begleitung von Wilmas Sohn und Ravas Ältester jagte Oli ohne Pause, bis der Schnee dem ein Ende setzte. Sie brachte ihnen bei, wie man die Speerschleuder benutzte und die großen Tiere richtig zerlegte, um so wenig Fleisch wie möglich einzubüßen.

Eines Abends, als die anderen schon nach Hause gegangen waren und das ganze Tal unter einer dicken Schneedecke lag, betrachtete sie still die Blutspuren, die die Strecke zwischen dem Ort des Erlegens und den Hütten rot markierten. Da sah sie deutlich vor sich, welchen Weg sie für den Rest ihres Lebens einschlagen würde.

Als sie im Zwielicht zum Lager zurückkehrte, dachte sie an die Ahnfrauen. Im Frühling würde sie hingehen und ihnen berichten, was die Sippe in diesem ersten Winter ohne erwachsene Männer erlebt hatte. Sie würde ihnen Larna vorstellen, bei der sie voller Stolz ein echtes Talent zur hervorragenden Jägerin erkannte, und Atipa, die noch klein war, aber Dinge tat, die die Kinder ihrer Sippe in so frühem Alter nicht hinbekamen. Auch von Wilmas Sohn würde sie ihnen erzählen, der sich als freundlicher Junge erwies und so viele Erinnerungen an seine Mutter weckte, wie diese besondere Art zu lächeln oder so komisch mit den Augen zu rollen. Sie würde ihnen sagen, dass du das eigene Wissen an jegliches Kind weitergeben kannst, das zu deinem wird, einfach weil es das irgendwann so beschlossen hat.

Dann dachte sie an die Leiche von Ältestem Onkel, die für immer am Höhleneingang festsaß. Vor allem aber an den Abdruck seines Gesichts und seine für alle Ewigkeit offenen Augen, dazu gezwungen, die Verstümmelungen anzusehen, die er und seinesgleichen all den Frauen in der Höhle zugefügt hatten. ›Tja, was einmal gesehen ist, ist für immer gesehen!‹, dachte sie rachsüchtig, dann setzte sie gelassen ihren Weg zum Lager fort.

Ihr Körper wurde in Rückenlage mit vor der Brust verschränkten Armen aufgefunden. Ringsherum waren Gegenstände angeordnet: zwei Speere, von denen die Spitzen erhalten sind, sowie all die erstaunlichen Artefakte, von denen bereits die Rede war: die Speerschleuder, der verzierte Faustkeil, die Muschelkette, der Phallus, die Sammlung bemerkenswerter Steine ... Zwischen den Knochen von Brustkorb und Becken fanden sich an die hundert große Perlen aus Mammutelfenbein. Sie erinnern an die drei Skelette von Sungir, die in den Sechzigerjahren in der Sowjetunion entdeckt wurden und mehr oder weniger aus der gleichen Zeit stammen. Diese Perlen waren vermutlich auf ihr ledernes Gewand aufgenäht. In diesem Punkt machen wir uns die ebenso schlichten wie lebensklugen Schlussfolgerungen meines Kollegen Marcel Otte zu eigen:

> Angesichts der Zeit, die es braucht, jede einzelne Perle zu schnitzen, liegt es nahe, dass, wenn eine Person sich dieser Aufgabe widmet, andere ihre Pflichten für sie erledigen, was auf die herausragende Stellung des Empfängers in der sozialen Hierarchie hindeutet.

Sie war also eine bedeutende Frau, die von den Ihren geliebt und verehrt wurde, aber was wissen wir sonst noch über sie?

Wenn man die Lebenserwartung der eiszeitlichen Jäger-Sammler auf vierzig Jahre schätzt, sagt das nichts über die Langlebigkeit einzelner von ihnen aus, zumal in den paläolithischen Nekropolen bisher nie ein alter Mensch gefunden wurde. Das ist jetzt geschafft: Die an ihrem Beckenknochen und ihrer Halswirbelsäule beobachtbare Altersosteoporose beweist, dass sie erst im Alter von über sechzig Jahren gestorben ist. Sie ist folglich viel älter geworden als der Mann, mit dem sie das Grab teilt und der im Alter zwischen fünfunddreißig und vierzig Jahren getötet wurde.

Sie war groß, ein Meter sechsundsiebzig, und hatte schwarze Haut wie alle unsere Vorfahren bis zu ihrer Sesshaftwerdung im Neolithikum. Ihr ganzes Leben lang benutzte sie vor allem ihren linken Arm, sicher weil ihre daumenlose Hand Speerschleuder und Werkzeuge nicht handhaben konnte, oder aber sie war ganz einfach Linkshänderin.

Sie hat bis in ein sehr hohes Alter gejagt, als Beweis können die tiefen Muskelmarken an ihrem Oberarmknochen und ihrer Elle gelten. Sie befinden sich an den Muskelansätzen am linken Arm und haben sich durch dessen Überbeanspruchung so stark ausgebildet: dasselbe Bild, das man bei Speerwerferinnen und Speerwerfern findet. Man erkennt zahlreiche Spuren von Ermüdungsbrüchen, von denen einer nicht mal zusammengewachsen ist, was uns zeigt, dass sie, vor allem gegen Ende, unter großen Schmerzen gelitten haben muss und dass sie trotz der Pein weiterhin gejagt hat. Die erwähnten Muskelmarken sind bei ihr sehr viel tiefer als bei dem Mann, der an ihrer Seite gefunden wurde, was belegt, dass sie in kürzerem Takt und über einen längeren Zeitraum gejagt hat, und das trotz ihrer abgehauenen Finger. Sie starb nach ihm, wie all die kalzifizierten Spuren von Erwachsenen und Kindern beweisen, die uns zu ihrem Körper führen und dabei den des Mannes umgehen.

Die Menschen, die durch diese Höhle defiliert sind, um ihr die letzte Ehre zu erweisen, müssen auch den Eingang mit einer Steinmauer verschlossen haben, denn nach diesem Tag hat dort niemand mehr Spuren hinterlassen. Sie ist dann fünfunddreißigtausend Jahre in dieser Zeitkapsel gereist, inmitten all der Hände mit abgehackten Fingern und in Begleitung dieses in Ungnade gefallenen Mannes.

Einer meiner Doktoranden, der eine Gruppe durch die Rekonstruktion der Chauvet-Höhle führen sollte, leitete seine Ausführungen mit folgenden Worten ein: »Dieses Tierfresko versetzt Erwachsene und Kinder, Akademiker und Laien gleichermaßen in Erstaunen, denn egal welches Alter, welches Bildungsniveau, welchen kulturellen Hintergrund wir haben – vor denen, die es schufen, sind wir alle gleich. Und folglich haben wir auch das Recht, es zu interpretieren, wie es uns gefällt.« – Wie wahr!

Diese Frau ist aus den Tiefen der Zeit gekommen, um uns etwas zu sagen. Möge jede und jeder hören, was das ist ...

Blitzlichtgewitter. Fragelawine.

Bemerkungen der Autorin

Unter dem Vorwand, die Sprache der Bevölkerung der Urgeschichte sei ja nicht versteinert überliefert wie ihre Knochen, hat man beschlossen, sie als plumpe und groteske Wesen darzustellen, die sich durch tierische Grunzlaute verständigten. Dabei waren unsere Sapiens-Vorfahren »echte Menschen«; allein technischer Fortschritt, kulturelle Entwicklung und vor allem ihre enge Beziehung zur Natur bedingen unsere Unterschiedlichkeit.

Lästern, Geschichten erzählen – Tag und Nacht, bei der Jagd, am Lagerfeuer oder beim Steinebehauen … Die Realität formen, Informationen weitergeben, um Freundschaft zu schließen, verführen, sich lustig machen, ständig neue Wörter erfinden, Mythen erschaffen, um das Unerklärliche zu erklären – das sind die Markenzeichen der Menschheit. Mehr noch, offenbar wetteifern Menschen von Natur aus nicht beim Lernen, was logisch erschiene, sondern beim Lehren, wie die hunderte identischen Internet-Tutorials belegen, die zeigen, wie man eine Wasserhahndichtung auswechselt. Da Wissensvermittlung durch Geschwätz unserer Spezies im Blut liegt, wurde sie bereits in der Urzeit betrieben. Unser unglaublicher Überlebenserfolg, und das bei uns mitleiderregenden, wegen unserer riesigen Köpfe zu früh geborenen Geschöpfen, ist Beleg dafür.

Anders gesagt: Würden wir Oli an unseren Tisch einladen, damit sie uns in ihren Worten von der anthropologischen

Revolution erzählt, deren unmittelbare Zeugin sie war, wir würden sie verstehen. Da ihre Rede und ihre intuitive Philosophie in den Abgründen der Zeit eingeschlossen sind, ist dieses Buch ein Vorschlag dafür.

Natürlich hätte ich keine einzige Zeile schreiben können ohne die Hilfe zahlreicher wissenschaftlicher Werke und Aufsätze aus diversen Fachrichtungen: Paläontologie, aber auch Ethnologie, Ästhetik, Anthropologie, Soziologie … und sogar Mineralogie.

Ich habe so viele fesselnde Schriften gelesen, um diesen Text zu verfassen, dass er irgendwann als Endzweck verblasste und zum Alibi wurde. Einige ausgewählte Bücher will ich hier nennen.

Als Erstes und ganz weit vorn: *Les Doigts coupés. Une anthropologie féministe* (2018) der italienischen Anthropologin Paola Tabet: Diesem Werk verdankt mein Roman alles, er ist praktisch eine Hommage. Im Verlauf einer hieb- und stichfesten, auf lebenslange Feldforschung gestützten Beweisführung erörtert Tabet die drei Pfeiler, auf denen die Herrschaft der Männer beruht: Aneignung von Waffen und Werkzeugen, erzwungene Fortpflanzung, ökonomisch-sexueller Tauschhandel.

Ebenfalls von Paola Tabet: *La Construction sociale de l'inégalité des sexes. Des outils et des corps* (1998). Behandelt wird hier die geschlechtliche Arbeitsteilung, insbesondere der Jäger-Sammler-Kultur. Bei diesen Gesellschaften ist stets von sich binär ergänzenden Geschlechtern die Rede, allerdings sind von den Tätigkeiten zum Lebenserhalt jene den Männern vorbehalten, die Mut und Initiative verlangen und als die dynamischsten und beflügelndsten charakterisiert sind. Auf die Frauen entfallen dagegen die Tätigkeiten, die geduldiges und langweiliges Schuften rings um den Ort erfordern, wo ihre Kinder leben.

Bis ins kleinste Detail zeigen diese zwei Werke die Hürden, die Oli im Laufe der Erzählung überwindet.

Hommes grands, femmes petites: une évolution coûteuse von der Sozialanthropologin Priscille Touraille (2008): Die strukturelle Ungleichheit zwischen Männern und Frauen im Lauf der Geschichte, genauer gesagt: der ungleiche Zugang zur Nahrung war entscheidend im Prozess von Auslese und biologischer Anpassung, der zur natürlichen Selektion kleiner Frauen geführt hat, die als Einzige mit geringer Nahrungszufuhr überleben und dabei Schwangerschaften austragen und stillen konnten. Diese Evolution hatte ihren Preis, denn große Frauen hatten größere Chancen, bei der Geburt nicht zu sterben. Tourailles Dissertation profitiert von ihrem unermesslichen dokumentarischen Reichtum. Unbedingt lesen.

Wie Tabets Werk hat mir dieses Buch geholfen, die Machtverhältnisse in Olis Familie zu erfassen, vor allem die Kontrolle über die Nahrung als Mittel zur Unterwerfung und die Aneignung der besten Stücke Wildbret durch das Unter-sich-Bleiben der Männer bei der Jagd auf große Säugetiere.

[Zum gleichen Thema steht von Touraille ein englischsprachiger Aufsatz von 2015 online: »Biological Costs of a Small Stature for *Homo sapiens* Females: New Perspectives on Stature Sexual Dimorphism«. file:///C:/Users/user/Downloads/BiologicalCostsofaSmallStature-PriscilleTouraille.pdf]

L'Espèce fabulatrice von der frankokanadischen Schriftstellerin Nancy Huston (2008): Demnach definiert sich der Mensch durch die Fiktionen, die er fortwährend erfindet: Mythen, Epen, Märchen, Geschichten. Die Wissenschaft liefert zwar Erklärungen und Gründe für die meisten Naturphänomene, aber sie befriedigt nicht das menschliche Bedürfnis nach Sinn. Sie definiert nicht seine Identität, sein Ich, sein Selbst, die nichts als narrative Konstruktionen sind. Nationalität, Geld, Religion, Geschlecht, Liebe, Elternschaft ... Alles Fiktion!

Au bonheur des morts von Vinciane Despret (2017): Die belgische Philosophieprofessorin untersucht, wie die Toten ins Leben der Lebenden hineinwirken. [Deutsch synchronisiertes Interview zum Umgang mit Trauer und den Toten unter arte.tv/de/videos/103447-001-A/und-wenn-wir-nicht-trauern-wuerden/]

Pierres (1966), *L'Écriture des pierres* (1970) und *Agates paradoxales* (1977) von Roger Caillois, französischer Soziologe, Literaturkritiker und Philosoph: Alles andere als wissenschaftliche Abhandlungen, sondern Poesie anhand minutiöser Beschreibungen von kuriosen Steinen. Zwei der Bücher liegen in deutscher Übersetzung vor: *Steine*, übers. v. Gerd Henniger, München 1983, und *Die Schrift der Steine*, übers. u. mit Nachw. v. Rainer G. Schmidt, Graz 2004.